Marilyn Willett Heavilin

Rosen im Dezember

Wenn geliebte Menschen von uns gehen

FRANCKE
Verlag der Francke-Buchhandlung GmbH

Die Deutsche Bibliothek – CIP-Einheitsaufnahme

Heavilin, Marilyn Willett:
Rosen im Dezember : wenn geliebte Menschen von uns gehen /
Marilyn Willett Heavilin. [Dt. von Traute Reil-Kaczorowski]. –
Marburg an der Lahn : Francke 2002
(Taschenbuch)
Einheitssacht.: Roses in December <dt.>
ISBN 3-86122-546-8

Originaltitel: Roses in December
© 1986 by Marilyn Willett Heavilin
Published by Here's Life Publishers, San Bernardino, USA
© der deutschsprachigen Ausgabe
2002 by Verlag der Francke-Buchhandlung GmbH
35037 Marburg an der Lahn
Deutsch von Traute Reil-Kaczorowski
Umschlaggestaltung: Henri Oetjen, DesignStudio Lemgo
Satz: Druckerei Schröder, 35083 Wetter/Hessen
Druck: St.-Johannis-Druckerei, Lahr

Taschenbuch

Inhaltsverzeichnis

Die Rose der Vorbereitung

Muss ich auch wandern im finsteren Tal, ich fürchte kein Unheil; denn du bist bei mir, dein Stock und dein Stab geben mir Zuversicht. (Psalm 23,4)

Ich saß meiner Freundin Mary am Tisch gegenüber, trank schweigend meinen Tee und wartete darauf, dass sie zu sprechen begann. Erst vor zwei Wochen war ihr Sohn gestorben. Obwohl sie mehrmals Anstalten machte zu sprechen, brachte sie vor Schluchzen kein Wort heraus. Schließlich holte sie tief Luft, und dann brach es aus ihr hervor: „Niemand versteht, wie ich leide! Ich fühle mich so allein!"

Wenn auch Sie vor nicht allzu langer Zeit einen schweren Schicksalsschlag erlitten haben, werden Sie vielleicht dieses Gefühl der Isolation und Einsamkeit kennen. Es stimmt tatsächlich, dass kein anderer Ihren Kummer oder Ihren persönlichen Schmerz wirklich nachvollziehen kann. Aber ich habe selbst erfahren, was es bedeutet, einen Menschen zu verlieren. Ich habe dieses Leid selbst durchgemacht: die Enttäuschungen, die zerstörten Träume, die Ängste, die Depressionen und den psychischen Schmerz, der jede Faser meines Körpers durchdrang. Auch ich erinnere mich daran, dass niemand meinen Schmerz auch nur annähernd erfassen konnte. Aber ich habe erfahren, dass es möglich ist, durch diese lange, kalte Winterzeit des Leidens hindurchzugehen und unbeschadet und psychisch gesund daraus hervorzutreten.

Lieber Freund oder liebe Freundin, Sie brauchen Ihren Kummer nicht allein zu tragen; denn ich möchte Sie durch diese Zeit der Kälte begleiten, damit Sie sich auch an meinen außergewöhnlichen Dezemberrosen erfreuen können.

Die erste Rose an unserem Weg ist die Rose der Vorbereitung.

Es war ein kalter, stürmischer Februarabend, als meine Mutter und ich den Bus bestiegen und ich meinem Vater zum Abschied aufgeregt zuwinkte. Wir wollten in eine kleine Stadt im nördlichen Michigan fahren, um meine Großeltern, meine Tante und meinen Onkel, und was das Schönste daran war, meine vier Monate alte Cousine Mary Beth zu besuchen. Jetzt würde sie alt genug sein, um mich wahrzunehmen! Ich konnte es kaum erwarten. Solange ich mich erinnern konnte, hatte ich darum gebetet, ein Brüderchen oder ein Schwesterchen zu bekommen, aber da meine Gebete nicht erhört worden waren, hing ich nun mit zärtlicher Liebe an meiner Cousine Mary Beth.

Als Großvater mich von den Stufen des Busses hob, fragte ich gleich: „Wann können wir zu Mary Beth?" und war enttäuscht, als er sagte, dass ich bis zum nächsten Morgen warten müsse. Noch bevor die Dämmerung begann, kletterte ich bereits zu Großpapa und Großmama ins Bett und fragte: „Können wir jetzt gehen?"

Während ich mein Frühstück hinunterschlang, sah ich, wie der Wagen meines Onkels und meiner Tante den Weg zum Haus meiner Großeltern hinauffuhr. Voller Aufregung erwartete ich sie schon an der Tür. Aber obwohl ich damals mit meinen vier Jahren noch völlig arglos und naiv war, wusste ich doch, dass etwas nicht stimmte, als ich ihre schmerzbewegten Gesichter sah. Mary Beth war nicht bei ihnen.

Der Schnee türmte sich hoch gegen die Mauern und Fenster, während wir alle in der alten Küche der Farm standen und uns mein Onkel berichtete, was geschehen war: Mary Beth war in der letzten Nacht erstickt. Sie war tot.

Noch heute höre ich, wie ich schrie: „Mein Baby ist tot!

Mein Baby ist tot!", als ich über den Weg zu meiner Urgroßmutter nach nebenan lief.

Mein Schreien muss die Erwachsenen zutiefst getroffen haben, aber niemand machte mir Vorwürfe. Sie hoben mich hoch und umarmten mich, und dann weinten wir zusammen.

Der Schneesturm hatte die Straßen zwischen der Stadt und dem Haus meiner Tante zugeweht. Und nachdem mein Onkel den Leichenbeschauer und das Bestattungsinstitut benachrichtigt hatte, stellte er fest, dass diese erst auf den Schneepflug warten mussten – es konnten also noch Stunden vergehen, bevor sie ankamen.

Unterdessen fuhr unsere ganze Familie zu dem kleinen Bauernhaus meiner Tante und meines Onkels, wo eine freundliche Nachbarin bei dem stillen Körper Mary Beths wartete.

Ich bestand darauf, „mein Baby" zu sehen, und keiner hatte die Kraft, mich davon abzuhalten. Mary Beth war ein schönes Baby gewesen, aber die schwarzen und blauen Flecke, die sich beim Erstickungstod einstellen, hatten ihr die Schönheit geraubt. Doch das war mir egal – sie war immer noch meine Mary Beth. Ich saß an ihrem Bett, streichelte ihre Hand und sprach zu ihr. Sie fühlte sich an wie eine Porzellanpuppe – kalt und teilnahmslos.

In diesen Winterstunden konnte sich meine Familie ihrem Kummer überlassen und in Ruhe Abschied von unserer lieben kleinen Mary Beth nehmen. Als meine Mutter mir erklärte, dass sich Jesus nun Mary Beths annähme und ich sie eines Tages wiedersehen würde, schwand meine Angst vor dem Tod. Und während ich Mary Beth berührte und merkte, dass ihre Seele nicht mehr in ihrem Körper war, ließ auch meine Angst vor Toten nach.

So kam ich als Kind zum ersten, aber nicht zum letzten

Mal mit dem Tod in Berührung. Als ich zwölf Jahre alt war, waren bereits meine Großeltern väterlicherseits, meine Urgroßmutter sowie ein dreizehnjähriger und ein siebzehnjähriger Vetter gestorben. Selbst Tante Lucille und Onkel Louie fanden den Tod, als ihr Gasherd explodierte und einen Gasbrand verursachte. Durch diesen Schicksalsschlag bekam ich meinen langersehnten kleinen Bruder Walt:

Meine Eltern adoptierten das jüngste von Tante Lucilles und Onkel Louies drei verwaisten Kindern.

Der Tod war also nichts Fremdes für meine Familie. Und trotzdem blicke ich nicht auf eine Kindheit zurück, die von Tragödien und traurigen Ereignissen gezeichnet war. Ich erinnere mich an eine Familie, die durch Leid stark geworden war, eine Familie von ungebrochener Festigkeit, die über Schwierigkeiten triumphierte, eine Familie, die zusammen lachte und weinte.

Nach unserer Eheschließung bekamen mein Mann Glen und ich drei Kinder, Matthew, Mellyn (unser einziges Mädchen) und Jimmy, und unser Leben schien beneidenswert: Glen hatte einen leitenden Posten bei General Motors, wir besaßen ein neues Haus, und wir waren auf dem besten Weg zu einem erfolgreichen Leben.

Aber eines frühen Morgens drang plötzlich eine Stimme in meinen Schlaf; Glen, der wie üblich nach den Kindern gesehen hatte, rief:

„Marilyn, ruf den Arzt – Jimmy ist tot."

Mein Herz klopfte wild, und die Gedanken rasten durch meinen Kopf, aber ich rief gehorsam unseren Arzt an, der zugleich ein persönlicher Freund von uns war: „Tom, schnell, es ist Jimmy!" Ich war jedoch fest davon überzeugt, dass sich Glen geirrt haben musste.

Dann hing ich schnell den Hörer auf, eilte in Jimmys

Zimmer und sah, wie Glen versuchte, unseren kleinen Sohn durch Beatmung ins Leben zurückzuholen. Als mein Blick auf Jimmys lebloser Gestalt mit den schwarzen und blauen Flecken hängenblieb, keuchte ich: „Mary Beth!" Ein Taumel von Erinnerungen übermannte mich. War das wieder passiert?

Während wir auf den Arzt warteten, knieten Glen und ich, das Kind immer noch in Glens Armen, nieder und beteten: „Jesus, füge auch diesen Augenblick zu deinem Ruhm und deiner Ehre."

Die Autopsie lautete „interstitielle Pneumonie". Heute würden wir dies wahrscheinlich als Kindstod bezeichnen.

Jimmy starb vor mehr als zweiundzwanzig Jahren, aber während ich diesen Bericht niederschreibe, sind einige Erinnerungen noch immer ganz lebendig in mir: der Schmerz, den ich in der Stimme meiner Mutter vernahm, als wir sie anriefen, um ihr die schreckliche Nachricht mitzuteilen; der panische Schrecken, den ich einige Stunden später empfand, als mir der Gedanke durch den Kopf schoss: Ich habe ja Jimmy noch gar nichts zu essen gegeben! Und dann die Welle von Schmerz, als mir klar wurde, dass Jimmy tot war. Schließlich das Gefühl der Wut, gemischt mit überwältigender Traurigkeit, das ich empfand, als ich in Jimmys Zimmer ging und entdeckte, dass wohlmeinende Freunde sämtliche Möbel und Kleider ohne mein Wissen und ohne meine Erlaubnis weggeräumt hatten. Ich erinnere mich auch noch daran, dass ich Angst davor hatte, Menschen auf der Straße oder im Lebensmittelgeschäft zu begegnen, weil ich ihre Frage „Wie geht's denn Ihrem Kleinen?" nicht beantworten wollte.

Im Vertrauen auf den Herrn waren Glen und ich jedoch in der Lage weiterzuleben. Dennoch war es hart für uns, wenn man uns mit den Worten trösten wollte: „Sie können doch noch viele Kinder bekommen. Sie werden das alles bald verwunden haben."

Anderthalb Jahre später waren wir trotzdem überglücklich über die Ankündigung des Arztes, dass wir Zwillinge bekommen würden. Ich legte dies für mich so aus, dass Gott durch Zwillinge „wiedergutmachen" wollte, was er uns durch den Verlust des einen Kindes angetan hatte. Es ist immer wieder erstaunlich, wie wir versuchen, Gott in unsere Vorstellungswelt einzufügen.

Unsere eineiigen Zwillingssöhne, Nathan James und Ethan Thomas, wurden am Morgen des ersten Weihnachtstages 1965 geboren. Was war das für ein Fest! Ich bekam Dutzende von Anrufen und Blumengrüßen. Und wir waren überzeugt, dass die Geburt der Zwillinge unseren Schmerz über Jimmys Tod lindern würde.

Nathan nahmen wir zu Silvester mit nach Hause, aber Ethan musste noch etwas zunehmen. Ich besuchte ihn jeden Tag, und er machte gute Fortschritte. Aber am neunten Tag verlor er wieder an Gewicht und wurde lethargisch. Spezialisten wurden herbeigerufen. Die Diagnose: Pneumonie; die Prognose: nicht gut.

Ich war voller Zorn auf das Leben und auf Gott. Womit hatten wir das verdient? Wir waren überzeugte Christen, dienten aktiv dem Herrn, und wir hatten Jimmys Tod ohne Bitterkeit oder Zorn hingenommen. War dies nun der Dank dafür?

Ich rang die ganze Nacht mit Gott, und am nächsten Morgen, als ich in „Streams in the Desert" las, dachte ich, ich hätte die Antwort gefunden. Der Vers für diesen Tag lautete: *Geh hin, dein Sohn lebt!* (*Johannes 4,50*).

Ich rief alle meine Freunde an und erklärte: „Ich bin sicher, dass Ethan gesund wird. Ich bin sicher, dass das der Sinn des heutigen Verses ist." Wieder einmal glaubte ich,

Gott ganz erfasst zu haben. Aber als ich an diesem Abend mein Gesicht gegen das Fenster des Säuglingsraumes drückte und sehen musste, wie mein lieber kleiner Ethan mit jedem Atemzug kämpfte, sprach Gott sehr deutlich zu mir:

„Marilyn, ich habe dich so sehr geliebt, dass ich für dich gestorben bin; und du bist nicht bereit, mir dieses Kind anzuvertrauen?"

Ich versuchte, mit Gott allein zu sein, und ging in das Badezimmer des Raumes, den uns das Krankenhaus zur Verfügung gestellt hatte, schloss die Tür ab, warf mich auf den Boden und schrie zu Gott: „Das ist ungerecht! Wir sind gute Menschen, gute Eltern, gute Christen. Warum muss uns so etwas passieren?"

Nachdem ich einmal meinen Gefühlen freien Lauf gelassen hatte, saß ich eine Zeit lang schweigend da. Dann breitete sich eine solche innere Ruhe in mir aus, dass ich mein Gebet wie folgt fortsetzen konnte: „Herr, ich verstehe das zwar nicht, und es ist mir ganz sicher auch nicht recht. Aber ich liebe dich, und ich vertraue dir. Ich erkenne deine Macht über Ethans Leben an. Aber dann musst du mir auch die Kraft geben, das alles durchzustehen." Wenige Minuten später folgte Ethan seinem Bruder Jimmy in den Himmel.

Auf der Heimfahrt, die wir schweigend zurücklegten, lehnte ich meinen Kopf schwer gegen Glens Schulter. Der Schnee glitzerte im Mondlicht, und während ich das Knirschen der Reifen hörte, die über den gefrorenen Matsch auf dem Highway rollten, schweiften meine Gedanken wieder zu dem Bibelvers zurück: „Geh hin, dein Sohn lebt." Welche Bedeutung hatte dieser Vers jetzt für mich?

Da Glen und ich damals die Absicht hatten, einer christlichen Vereinigung in Kalifornien beizutreten und unser Haus, unsere Familie und unsere Freunde zu verlassen, hatte ich das Gefühl, dass Gott mir mit diesem Vers sagen wollte: „Marilyn, verfolge deine Pläne weiter; diene mir mit ganzem Herzen, und mach dir keine Sorgen um Ethan oder Jimmy. Sie sind beide bei mir, und es geht ihnen gut." Ich glaube jetzt, dass es dies war, was mir Gott damals sagte, aber empfänglich war ich für diese Deutung des Verses erst, als ich mich ganz seinem Willen unterstellt hatte.

Vieles, was ich nach Jimmys Tod erlebt hatte, musste ich nun, nachdem Ethan gestorben war, noch einmal durchstehen. Da wir bereits Geburtsanzeigen abgeschickt hatten und die Geburtsanzeige auch in der lokalen Zeitung erschienen war, erhielten wir in den ersten Wochen nach Ethans Tod oft mit derselben Post Glückwunsch- und Beileidskarten. Ich erinnere mich noch, dass ich zwei hübsche blaue Babyanzüge bekam, denen die Worte beigefügt waren: „Zwillinge! Ich glaube, ihr gehört zu den Eltern, die vom Glück begünstigt sind!"

Ich hatte allerdings nicht das Gefühl, vom Glück begünstigt zu sein. Im Gegenteil, ich fühlte mich vom Unglück heimgesucht, da unsere Probleme kein Ende nahmen. Kurz nachdem Jimmy gestorben war, hatten sich Eierstockzysten bei mir bemerkbar gemacht, die immer wieder nachwuchsen und mehrfach operiert werden mussten. Fünf Wochen nachdem Ethan gestorben war fingen die Schmerzen von neuem an: Es hatte sich wieder eine Zyste gebildet. Alle Ärzte, die wir konsultierten, rieten mir zu einer Totaloperation der Gebärmutter. Nachdem ich zwei Kinder in weniger als zwei Jahren verloren hatte, war damit jede Hoffnung auf weitere Kinder zunichte. Während einige meiner Freundinnen wegen zu vieler Schwangerschaften Tränen vergossen, vergoss ich nun Tränen, weil ich nie wieder schwanger werden konnte.

Einen Monat nach der Operation starb meine Großmutter. Als sich die Familie gerade für die Beerdigung fertig machte, bekam Glen einen so starken Migräneanfall, dass er sich ins Bett legen musste. Und ich begann so haltlos zu weinen, dass mir jemand ein Beruhigungsmittel geben musste, damit ich überhaupt am Begräbnis teilnehmen konnte. Keiner verstand, warum Glen und ich den Tod meiner Großmutter so schwer nahmen. Schließlich war sie über siebzig geworden, hatte ein erfülltes Leben hinter sich und nicht lange gelitten. Keiner von uns nahm sich die Zeit, einmal darüber nachzudenken, was Glen und ich in den letzten anderthalb Jahren durchgemacht hatten.

Im folgenden Jahr zogen wir viermal um, unter anderem sogar von Indiana nach Kalifornien. Wir waren von einem großen Haus in eine winzige Zwei-Zimmer-Wohnung mit gemietetem Mobiliar gezogen, und Matt und Mellyn sollten in einem Etagenbett in demselben winzigen Zimmer schlafen, in dem auch Nates Bettchen stand. Da Glen am allerersten Tag bis spät am Abend arbeiten musste, versuchte ich, Matt und Mellyn allein ins Bett zu bringen. In dem Augenblick jedoch, in dem sie in ihre Betten klettern wollten, fiel das obere Etagenbett auf Mellyn! Sie erlitt zwar außer ein paar Beulen und Quetschungen keine weiteren Verletzungen, aber die drei Kinder wurden regelrecht hysterisch. Von den Ereignissen überwältigt und selbst in Tränen aufgelöst, sank ich mitten auf dem Fußboden zusammen und versuchte die drei schreienden Kinder zu beruhigen. Dabei ging mir die ganze Zeit durch den Kopf: Das also ist das große Abenteuer, zu dem Gott mich berufen hat?

Als Nate ungefähr acht Monate alt war, verfiel ich in eine schwere Depression. Ich konnte nicht schlafen, ich weinte viel, und wenn ich nicht weinte, schrie ich die Kinder an.

Glen hatte viel Geduld mit mir, wusste aber nicht, was mit mir los war, ebenso wenig meine christlichen Freunde.

Sie waren der Überzeugung, dass ich ein religiöses Problem hätte, und fragten immerzu:

„Weißt du auch ganz bestimmt, was es heißt, mit Gott zu leben?" Dann kam meine Mutter zu Besuch, warf einen Blick auf mich und sagte: „Das Kind muss ins Bett." Ich war gerannt und gerannt, um dem Schmerz zu entfliehen, aber er hatte mich schließlich doch eingeholt.

Niemand hatte mich darauf aufmerksam gemacht, dass es nötig sei zu trauern, geschweige denn, dass mir jemand erklärt hätte, dass ich Jimmy und Ethan auch dann vermissen würde, auch wenn ich mich um ein Baby und zwei weitere Kinder zu kümmern hatte. Man hatte mir zwar gesagt, dass ich die Totaloperation immer noch nicht überwunden hätte, aber über die Veränderungen, die in meinem Körper vor sich gegangen waren, war ich nicht aufgeklärt worden. Drei Kinder, zwei Beerdigungen, vier Operationen und zwei Umzüge innerhalb von vierundzwanzig Monaten – und ich war erst siebenundzwanzig. Kein Wunder, dass ich Depressionen hatte!

Meine Mutter gab mir die physische Hilfe, deren ich bedurfte; die Kinder wuchsen heran, und allmählich gewöhnte ich mich an meinen Kummer. Die folgenden Jahre verbrachte ich hauptsächlich im Kreise meiner Familie, und Gott gewährte mir, dass fremde Kinder bis zu einem gewissen Grad die leeren Räume in meinem Herzen einnehmen konnten. Insbesondere Jungen gab ich die Zuwendung, die sie brauchten und die zu geben mir meine Zeit erlaubte. So kochten wir für die Schulkapelle und unterstützten die Fußballmannschaft der High School. Und während sich Matt und Mellyn an verschiedenen Aktivitäten beteiligten, gehörten Glen, Nate und ich zu denjenigen, die sie beim Spiel anfeuerten. Dann schlossen Matt und Mellyn die High School ab und gingen aufs College.

1982 heiratete Mellyn Mike Savage, einen jungen Mann, den ich vorher zu Gott geführt hatte.

In jenem Herbst kam Nate in die vorletzte Klasse der High School. Mit seinen sechzehn Jahren war er zu einem großen, gutaussehenden jungen Mann herangewachsen. Er war Mitglied der Geländelauf- und der Basketballmannschaft, sang im Chor mit, spielte Trompete in der Sportkapelle, und sein Name stand auf der Liste der Schüler mit überdurchschnittlichen Leistungen.

Seitdem ich an derselben christlichen High School arbeitete, die er besuchte, verbrachten wir beide bei der Fahrt zur Schule und zurück viel Zeit miteinander. Obwohl er sehr schweigsam war, machte er doch hin und wieder Bemerkungen, die mir einen Hinweis darauf gaben, was in ihm vorging.

So sagte er eines Morgens, als wir zur Schule fuhren: „Mom, hast du dich jemals gefragt, wie Ethan wohl aussieht?"

Ich erwiderte: „Tja, Liebling, ihr wart doch eineiige Zwillinge; er würde also genauso aussehen wie du."

Einen Augenblick herrschte Schweigen, und dann meinte Nate versonnen: „Mensch, ich würd' ihn gern mal sehen."

Ich lachte leise auf, um das merkwürdige Gefühl zu verbergen, das mich durchfuhr, und erwiderte: „Wenn wir in den Himmel kommen, werden wir alle ihn sehen, und Jimmy auch."

Die Rose des Leides

*Brüder, wir wollen euch über die Verstorbenen nicht in
Unkenntnis lassen, damit ihr nicht trauert wie die anderen,
die keine Hoffnung haben.*
(1. Thessalonicher 4,13)

Es war der 10. Februar 1983, und wir waren kaum an der
Schule angekommen, als Nate auch schon mit seinen Freunden
zu einem Schulausflug davoneilte. Am Tag zuvor hatte
ich gehört, wie er seinen Bruder Matt fragte: „He, Bruderherz,
würdest du dir nicht mal gerne einen Tag freinehmen?"
Daraufhin hatte Nate ihm erklärt, dass seine Klasse nach
Los Angeles fahren wolle und sie noch Wagen und Fahrer
benötigten. Ich war nicht überrascht, als sich Matt bereit
erklärte zu fahren. Er hatte immer ein recht weiches Herz,
wenn es um seinen kleinen Bruder ging.

Von seinem Schulausflug zurückgekehrt, hatte Nate kaum
Zeit, ein paar Worte mit mir zu wechseln, da er sich schon
wieder für das Basketballspiel fertig machen musste, das
für den Abend angesetzt war. So konnte ich ihn, als er im
Eilschritt durch den Flur der Schule ging, gerade noch fragen,
wann er wieder zu Hause sein würde.

„Ach, ich weiß nicht. Das Spiel kann ziemlich lange dauern,
und wir werden auch 'ne Weile brauchen, bis wir mit
dem Wagen zurück sind. Ich ruf' euch an, wenn es ganz
spät wird."

Er winkte mir kurz zu, rief noch „Bis später, Mom" und
eilte zu seinem Spint, um sein Trikot und seine Sporttasche
herauszuholen.

An jenem Abend ging mein Mann Glen zu seiner Abendschule,
während ich meine Zeit geruhsam allein verbrach-

te. Meine Mutter rief aus San Diego an, wo sie und Dad mit einigen Freunden campten. Auch Mellyn rief an, um weitere Einzelheiten über das Eröffnungsspiel zu erfahren, das am folgenden Abend in Nates Schule stattfinden sollte. Da ich beim Fernsehen immer wieder einnickte, ging ich schließlich zu Bett und schlief tief und fest.

Plötzlich wachte ich jedoch auf.

Wo war ich?

Warum lag Glen nicht neben mir?

Ich war ganz durcheinander. Wie spät war es? Meine schlaftrunkenen Augen fanden schließlich den Wecker: 23 Uhr 45. Ich eilte hinunter und traf Glen im Flur.

„Ist Nate noch nicht zu Hause?"

Er schüttelte den Kopf.

Voller Unruhe überlegte ich: „Da stimmt was nicht. Er ruft doch sonst immer an, wenn er spät nach Hause kommt."

Ich versuchte vor Glen ruhig zu erscheinen, aber innerlich flehte ich: „Bitte, bring ihn nach Hause, Herr; bitte, bring ihn nach Hause!"

Zunächst zögerten wir, jemanden anzurufen. „Sicher ist mit dem Wagen etwas nicht in Ordnung. Er wird sich bestimmt bald melden", überlegten wir. So etwas hatten wir bisher noch nicht erlebt. Nate hatte immer gewissenhaft Bescheid gesagt. Mein Stolz ließ es zunächst nicht zu, andere anzurufen und zuzugeben, dass ich nicht wusste, wo mein Sohn war. Aber es wurde spät und später, und schließlich war meine Besorgnis stärker als mein Stolz.

Nach verschiedenen vergeblichen Anrufen bei Nates Trainern versuchten wir es bei einem Freund, der immer mit ihm fuhr. Mir wurde ganz flau in der Magengegend, als sich dort niemand meldete.

Ich dachte, seine Familie ist doch abends nie lange aus; sie müssen also etwas gehört haben. Warum wir nicht?

Dann rief Glen bei einer Freundin Nates an. Ihre Mutter meldete sich, und bald darauf hörte ich Glen fragen: „In welchem Krankenhaus sind sie?"

Während Glen die Nummer des Krankenhauses wählte, sagte er:

„Es ist ein schrecklicher Frontalunfall passiert. Alle, die in Nates Auto waren, sind im Krankenhaus." Der Pfleger auf der Unfallstation teilte Glen mit, dass sie dort einen jungen Mann hätten, der als John Dole eingetragen sei. Ich hörte, wie Glen fragte: „Heißt das, dass er tot ist?"

„Er lebt. Aber er ist bewusstlos und kann seine Personalien nicht angeben." Der Pfleger fügte hinzu: „Kommen Sie bitte sofort her, Mr. Heavilin."

Ich klopfte an Matts Tür: „Es ist ein Unfall passiert. Zieh dich schnell an; wir müssen uns beeilen!"

Matt erinnert sich:

Mom sagte nicht, wer den Unfall hatte. Großmama und Großpapa Willet waren in jener Nacht nicht in der Stadt – sie hätten es sein können. Aber ich wusste, es war Nate. Während ich mich schlaftrunken anzog, dachte ich: „Es wird wieder eine Beerdigung geben."

Mit 24 Jahren war Matt schon sehr vertraut mit dem Leid.

Mir war es, als bewege ich mich in Zeitlupe. Ich musste unbedingt zu Nate und redete mir ununterbrochen ein, dass alles in Ordnung käme, wenn ich erst einmal bei ihm wäre. Ich war fest davon überzeugt, dass er aufwachen würde, wenn ich ihn berühren und mit ihm sprechen könnte. Während ich mich anzog, sprach ich in Gedanken die ganze Zeit mit ihm: „Warte, Nate, ich komme. Warte".

Obwohl sich unsere Gedanken wie in einem Nebel bewegten, handelten wir automatisch und bedacht. Matt dachte daran, Rollen mit Münzen für Telefonanrufe mitzunehmen, und ich ergriff mein Adressbuch, weil ich mir sagte: „Wir müssen alle anrufen und ihnen sagen, dass sie beten sollen." Dann musste ich an Glens und meine Eltern denken. Wie konnten wir ihnen nur mitteilen, dass Nate vielleicht sterben würde? Enkelkinder hatten nicht zu sterben.

Es war mitten in der Nacht, und alles schien so friedlich. Wir fuhren an einem Wagen mit den Eltern eines der Mädchen aus Nates Auto vorbei. Sie waren zu einem anderen Krankenhaus unterwegs. Wir kurbelten die Scheiben herunter, um uns gegenseitig nach unseren Kindern zu erkundigen.

„Wie geht es Ihrer Tochter?", fragten wir.

„Sie ist bei Bewusstsein, aber sie hat viele Gesichtsverletzungen. Wie geht es Nate?"

„Er ist bewusstlos – eingetragen unter dem Namen John Dole. Beten Sie!"

Während Glen fuhr, betete ich. Mein erstes Gebet lautete einfach:

„Gott, ist das schon wieder passiert? Müssen wir wieder diesen Schmerz ertragen?"

Im Krankenhaus angekommen, eilten wir zum Aufnahmebüro:

„Wo ist Nate? Wie geht es ihm? Können wir zu ihm?" So viele Fragen und keine Antwort.

Die Schwester sagte nur: „Es wird gleich jemand kommen und mit Ihnen sprechen; füllen Sie bitte schon mal diese Formulare aus."

Wir mühten uns eine Zeit lang, uns auf Autonummern und Versicherungsdaten zu konzentrieren. Schließlich aber sprach Glen mit einem Polizisten, der zwar bestätigte, dass das in den Unfall verwickelte Auto unseres war, uns aber nichts von Nate berichten konnte. Er sagte nur, der Unfall habe sich um 23 Uhr 44 ereignet, also genau zu der Zeit, als ich so plötzlich aufgewacht war! Wie dankbar bin ich dafür, dass Gott mich geweckt hat und wir noch zum Krankenhaus kommen konnten, bevor es zu spät war.

Dann erschien ein Sicherheitsbeamter und sagte: „Bitte verlassen Sie die Gänge. Wir fahren einen Patienten durch." Wir stellten uns in einen Türrahmen, um zuzusehen.

Da sich mehrere Leute über die Liege beugten, konnte ich von dem Verletzten nur den Kopf mit dem zerzausten Haar, ein Paar Blue Jeans und einen großen Fuß in einer weißen Socke sehen. Erst als der Wagen weitergeschoben wurde, erkannte ich, dass es Nate war. Anstatt jedoch hinter ihm herzulaufen, wie ich es eigentlich wollte, stand ich nur benommen da und versuchte zu verarbeiten, was ich gesehen hatte:

Mein Sohn, mein Nate, auf der Liege und so hilflos! Mein Sohn, der alles andere als hilflos ausgesehen hatte, als er sein Trikot genommen und davongeeilt war, um am Abend seine Kräfte beim Basketball zu messen. „Ach Gott, hilf ihm; hilf uns, bitte", flüsterte ich.

Bald darauf rief uns eine Schwester in ein kleines, unordentliches Büro und sagte mit warmer, aber sehr besorgter Stimme: „Wir haben Ihren Sohn gerade operiert. Er hat eine Quetschung am Bein sowie Hirn- und schwere Herz- und Lungenverletzungen. Sein Herz ist bereits einmal stehen geblieben, und wir haben seinen Brustkorb geöffnet, um ihn durch eine Herzmassage wieder zu beleben."

Mir wurde übel, als ich mir die Hände eines Menschen am Herzen meines Sohnes vorstellte. Meine Gedanken schweiften zurück zu dem Gebet, das ich auf dem Weg zum Krankenhaus gebetet hatte:

„Herr, bitte lass es nicht Nates Schuld sein. Bitte heile

alle Beteiligten, sofern es dein Wille ist. Herr." Ich zögerte und setzte dann noch einmal an: „Herr, wir möchten, dass dein Wille Nates Leben bestimmt, und – Herr, wir beugen uns deiner Macht."

Als die Schwester weiterberichtete, begann ich zu ahnen, was Gott mit Nate vorhatte. Auf meine Frage: „Glauben Sie, dass er durchkommt?", senkte sie die Augen und schüttelte den Kopf: „Nein."

In diesem Augenblick kam eine freundlich aussehende Frau auf mich zu und sagte: „Mein Bruder war der Fahrer des anderen Wagens. Es tut mir so Leid! Es tut mir so Leid! Wird Ihr Sohn wieder gesund?"

Ich antwortete nüchtern: „Mein Sohn liegt im Sterben."

Als sie zu weinen begann, legte ich intuitiv meine Arme um ihre üppige Gestalt und sagte: „Schon gut. Wenn Nate stirbt, dann weiß ich, dass er in den Himmel kommt und ich ihn eines Tages wieder sehen werde."

Daraufhin ging die Dame etwas befremdet davon. Vielleicht empfand sie meine Bemerkung als zu gefühllos, zu gleichgültig. So war sie jedenfalls nicht gemeint. Aber ich merke jetzt, dass ich damals vor Schmerz gefühllos war und es Gott war, der für mich sprach.

Als Mellyn und Mike ankamen, umarmten wir uns heftig. Dann beteten und warteten wir. Nach und nach erfuhren wir, dass die drei anderen Schüler in Nates Wagen zwar schwer verletzt waren, aber nach Meinung der Ärzte durchkommen würden. Ein Gebet war also erhört worden.

Wir erfuhren auch, dass man den Fahrer des Wagens, der mit Nates Fahrzeug zusammengestoßen war, wegen Trunkenheit am Steuer festgenommen hatte. Ich empfand Zorn und Erleichterung zugleich:

Es war also nicht Nates Schuld. Ein weiteres Gebet, das

erhört worden war. Aber mein Sohn lag im Sterben, weil jemand so idiotisch gewesen war, unter Alkoholeinfluss zu fahren. Mein Sohn, der nie trank und aus einer Familie kam, in der nicht getrunken wurde, war das Opfer eines Betrunkenen geworden. Wo war da die Gerechtigkeit!

Die Worte „Trunkenheit am Steuer" kreisten immer noch in meinem Kopf, als die Schwester erneut den Warteraum betrat. Als ich ihr Gesicht sah, wusste ich es.

„Ist er tot?"

Sie nickte: „Ja."

Glen kam aus einer Ecke des Raumes auf mich zu, und ich sagte nur: „Er ist tot." Die Hoffnung erlosch in seinen Augen, und er umarmte mich heftig. Dann weinten wir beide.

Vier Jahre sind seit diesem qualvollen Abend vergangen, vier Jahre, die von unterschiedlichsten Gefühlen und Fragen bestimmt waren. Warum unser Sohn? Warum musste er sterben? Wird das flaue Gefühl in meiner Magengegend jemals verschwinden? Warum hatten wir nicht einmal Zeit, wenigstens Abschied zu nehmen?

Immer wieder habe ich Zorn empfunden über einen Rechtsstaat, der uns nicht vor solchen Geschehnissen schützt, Eifersucht gegenüber anderen, die offenbar von Schicksalsschlägen verschont bleiben, und Groll darüber, dass es mein Sohn und nicht der Sohn einer anderen war.

Als ich jedoch zu Nates Totenmesse ging und sah, dass beinahe eintausend Menschen daran teilnahmen, wurde mir bewusst, dass Gott Nate die Gnade hatte zuteil werden lassen, in siebzehn Jahren mehr Menschen innerlich anzusprechen, als dies vielen von uns in siebzig Jahren nicht gelingt. Unter ihnen waren auch viele junge Menschen, Menschen, die noch Jahre im Dienste Gottes vor sich haben konnten.

Auch jetzt, da ich noch einmal die zahlreichen Zeitungs-artikel lese, einschließlich der Überschrift „Nathan lebt nun in seinem himmlischen, nicht mehr in seinem elterlichen Heim", spüre ich ganz sicher, dass Nate gerade auch im Tode für die gesamte Gemeinschaft Zeuge seines Herrn Jesus Christus gewesen ist.

Seinem Tod ist zuzuschreiben, dass einige Erwachsene ihrem Leben andere Inhalte gegeben haben: So begann ein Mitarbeiter Glens nach Nates Tod regelmäßig die Leichtathletikkurse seines Sohnes zu besuchen – die Zeit mit seinem Sohn war für ihn etwas Kostbares geworden.

Einige Wochen danach kam eine College-Vertreterin zu mir ins Büro. Als ich ihr meine Geschichte erzählt hatte, fragte sie: „Können Sie, in Anbetracht dessen, was Sie alles durchgemacht haben, anderen Eltern irgendeinen beson-deren Ratschlag geben?"

Ich erwiderte: „Verbringen Sie so viel Zeit wie möglich mit Ihrer Familie. Setzen Sie Ihre Familie immer an die oberste Stelle Ihrer Prioritätenliste." Am nächsten Tag er-hielt ich folgenden Brief von ihr:

„Ich möchte Ihnen gerne mitteilen, dass ich aufgrund meines gestrigen Gesprächs mit Ihnen alle meine Termine für heute abgesagt habe und zu meinem Sohn gehe – zu-erst zu seinem Baseballspiel und dann nach Hause, um dort mit ihm zusammen zu sein."

Ich erkannte schnell, dass Gott uns erlaubt, durch unse-re Erfahrung auf das Leben anderer Einfluss zu nehmen.

Einen Monat nach Nates Tod besuchten einige meiner Schüler und ich die Universität von Biola. Als wir uns in unserem Schlafraum ausruhten, sprachen wir darüber, wie es wäre ohne Nate. Sie meinten dazu:

„Wir haben jetzt keinen Spaß mehr in der Schule." „Ich sehe jetzt nicht mehr gerne Basketballspiele."

„Jetzt ist keiner mehr da, der mit mir in den Fluren singt."

Dann fragte jemand: „Wie können wir uns jemals wieder über Weihnachten freuen, wo Nate doch am ersten Weihnachtstag Geburtstag hat?"

Ich murmelte: „Ich würde Gott gerne darum bitten, den Dezember ganz abzuschaffen, weil ich überhaupt nichts mehr mit Weihnachten zu tun haben möchte." Der Gedanke an Geschenke, Weihnachtslieder und Weihnachtsprogramme kam uns unvereinbar mit dem vor, was wir erlebt hatten.

Am nächsten Morgen, während die Schüler Seminare besuchten, schlenderten meine Freundin Diana und ich über das Universitätsgelände und beschlossen unseren Bummel in einem Buchladen. Während ich ziellos eine Auslage mit Postern durchblätterte, wurde mein Blick plötzlich von einem der Bilder gefesselt. Ich konnte es nicht glauben! Unter Tränen rief ich Diana zu: „Komm her, und sieh dir das an!"

Das Poster stellte eine schöne rote Rose dar. Die Blüte war geöffnet, und auf den Blütenblättern waren Tautropfen zu sehen. Darunter stand ein Zitat, das mir an diesem Tage eine Botschaft von Gott überbrachte.

Das Zitat lautete: *„Gott schenkt uns Erinnerungen, damit wir auch im Dezember Rosen haben."*

Mein erster Gedanke war: Gott, du machst wohl Scherze. Selbst bei uns in Kalifornien gibt es im Dezember kaum Rosen, und in meinem Leben gibt es im Augenblick erst recht keine.

Trotzdem kaufte ich das Poster, ließ es rahmen und hängte es in mein Schlafzimmer. Ich sah es oft an, und dann schien es mir, als ob ich Gott sagen hörte: „Marilyn, ich habe nicht vor, den Dezember abzuschaffen, aber ich habe dir viele, viele wundervolle Erinnerungen an Nate gegeben.

Sammle und genieße sie, weil du dadurch und durch die vielen Dinge, die ich für dich in diesem Jahr und in Zukunft tun werde, einen ganzen Strauß Rosen haben wirst, selbst im Dezember. Halte nach den Rosen Ausschau!"

Gott blieb seinem Versprechen treu, denn er hört nicht auf, mir Rosen zu schenken – manchmal in ihrer realen Gestalt, manchmal in der von Freunden, aber oft in Gestalt von Erinnerungen zum Zeichen dafür, dass er Anteil an meinem Leben nimmt. Und wenn ich trauere, dann trauert auch er.

Einige Monate später half ich einer Schülerin bei ihrem Stipendiatsbuch, das außer Zeugnissen auch Bilder aus High-School-Jahrbüchern enthielt. Als ich eine Seite mit einem Gruppenbild aufschlug, sah ich nur, dass Nate auf diesem Bild war. Von Schmerz überwältigt, begann ich zu weinen.

In diesem Augenblick kam Sally, die Schulsekretärin, in mein Büro, ohne zu wissen, was gerade vorgefallen war. Sie hielt eine Rose in der Hand und erklärte: „Diese Rose habe ich für eine andere Frau gekauft, aber sie ist heute nicht hier, und Gott hat mir gerade gesagt, ich solle dir die Rose bringen!"

Seit Nates Tod ist kaum ein Moment verstrichen, in dem ich nicht an ihn gedacht habe. Wenn man jedoch weiß, dass Gott Anteil nimmt, stillt das zwar nicht den Schmerz, aber es macht ihn erträglich.

Wir haben viele Erinnerungen gesammelt – jede eine schöne Rose. Eine meiner jungen Freundinnen, Darcy, schenkte mir einen Notizblock, auf dem stand: „Eine Rose ist die Handschrift Gottes." Wenn ich durch den Rosengarten meiner Erinnerungen streife, sehe ich überall Gottes Handschrift. Jede Rose ist ein besonderes Geschenk, das von ihm persönlich signiert ist und das mich an seine

Fürsorge erinnert. Und wenn der Schmerz größer wird, als ich ihn ertragen kann, kommt es mir vor, als schicke er mir eine weitere Rose – eine schöne Erinnerung oder einen wertvollen Freund.

Gott vergrößert ständig meinen Rosenstrauß. Einige haben zwar Dornen, aber Gott hat mir geholfen, selbst mit den Dornen fertig zu werden.

Vielleicht machen auch Sie gerade einen Dezember durch – einen Verlust, eine Scheidung oder irgendeinen anderen Schicksalsschlag – und können keine Rosen entdecken. Dann lassen Sie mich meine Dezemberrosen mit Ihnen teilen, damit Sie anfangen können, selbst Rosen zu sammeln, an denen Sie wieder andere teilhaben lassen können.

Die Rose des Trostes

Erfreuet euch mit den Fröhlichen, und weinet mit den
Weinenden. (Römer 12,15)

Als wir nach Nathans Tod das Krankenhaus verließen, fragten die Freunde, die auf uns warteten: „Was können wir
jetzt für euch tun?" Meine Antwort lautete: „Kommt mit
uns." Denn wir wollten nicht allein nach Hause gehen.

Wir kamen nach drei Uhr morgens zu Hause an, und
innerhalb einer Stunde waren mehr als vierzig Leute bei
uns im Wohnzimmer zum Gebet versammelt.

Ihre Freundschaft tröstete mich unsäglich, gerade mitten in der Nacht. Während wir beteten, spürte ich, dass
wir nicht die Einzigen waren, die Schmerz empfanden, dass
wir nicht die Einzigen waren, die Nathan vermissen würden.

Immer werde ich das Gebet meiner Freundin Donna
Lynn im Gedächtnis behalten, weil sie Gott für unsere Erinnerungen dankte und ihn darum bat, uns zu helfen,
unsere Gedanken auf die schönen Zeiten zu richten. Ihr
Gebet kam aus dem Herzen einer Mutter und rührte das
Herz einer anderen an. Da ich mich in jenem Augenblick
nur an Situationen erinnern konnte, in denen ich mich
über Nate geärgert und falsch reagiert hatte, half mir Donna Lynns Gebet, meine Gedanken auf die schönen Erleb-
nisse zu lenken. Dabei wurde mir bewusst, dass es zwar
Dinge gab, die ich gerne nachträglich geändert hätte, dass
aber die guten Erinnerungen bei weitem die weniger guten überwogen. Ihr positives Gebet war Ermutigung und
Trost für mich.

Am frühen Morgen kam Vonette Bright. Sie kam sofort

zu uns, nachdem sie bei einem Gebetsfrühstück gesprochen und dabei auch von unserem Schicksalsschlag berichtet hatte.

Ein junges Paar, das ihrer Mitteilung voller Anteilnahme zugehört hatte, war danach zu ihr gekommen und hatte gesagt: „Vonette, wir möchten, dass Sie Ihrer Freundin diesen Bibelvers mitnehmen:

Der Gerechte kommt um, doch niemand achtet darauf. Die Frommen werden dahingerafft, doch es kümmert sich niemand darum. Weil das Unrecht herrscht, wird der Gerechte dahingerafft. Aber er findet den Frieden; und wer gerecht gelebt hat, ruht aus auf seinem Lager." (Jesaja 57,1,2)

Als Vonette bei uns ankam, war sie wegen der Botschaft dieses Verses in angeregter Stimmung, obwohl sie unseretwegen untröstlich war.

Bis zur Mittagszeit dieses Tages teilten uns insgesamt fünf Leute denselben Vers mit. Später fand ich heraus, dass J. Vernon McGee über den Abschnitt im Radio gepredigt hatte. Was für eine zeitliche Übereinstimmung!

Durch diesen Vers sprach Gott zu mir: „Marilyn, es war kein Unfall. In der Nacht, in der Nate starb, war ich nicht etwa abwesend.

Ich wusste von dem Unfall, bevor er geschah. Marilyn, ich bewahrte Nate vor Schlimmerem. Er ist bei mir, und es geht ihm gut."

Im Laufe der Jahre habe ich festgestellt, dass es für einen Christen viele Dinge gibt, die schlimmer sind als der Tod. Es ist zwar wahrscheinlich, dass ich erst wissen werde, wovor Gott Nathan bewahrt hat, wenn ich selbst in die Ewigkeit eingegangen bin, aber ich kann von nun an beruhigt sein, dass Nate beim Herrn ist und dass es ihm gut geht. Ich bin so dankbar, dass sich Vonette die Zeit genommen hatte, mich zu besuchen. Meine gesamte Lebenseinstellung wäre möglicherweise anders gewesen, wenn ich ihren Trost nicht empfangen hätte.

Jedoch war nicht alles, was wir hörten, tröstlich. Ist es Ihnen schon einmal so ergangen, dass Sie, beseelt von dem Wunsch zu helfen, etwas gesagt haben und hinterher feststellten, dass es sich als problematisch erweisen könnte? So etwas ist mir gesagt worden. Während wir im Krankenhaus warteten, erhielt ich einen Anruf von einer Bekannten, die sich nach Nate erkundigte. Da Gott mir bis zu diesem Zeitpunkt in meinem Herzen die Gewissheit gegeben hatte, dass Nate nicht am Leben bleiben würde, erwiderte ich nur: „Nate liegt im Sterben." Ich erwartete, dass sie ähnlich reagieren würde wie wir und sie betroffen und niedergeschlagen sein würde, aber ihre Reaktion war anders. Sie rief aus: „Aber nein! Du kannst ihn doch nicht aufgeben! Der Tod kommt vom Satan. Wenn du ihn aufgibst, gibst du dem Satan nach, und wenn Nate stirbt, dann nur, weil du ihn aufgegeben hast."

Als ich den Hörer auflegte, sah ich, wie die Schwester kam, um uns mitzuteilen, dass Nate tot war. Mir klangen die Worte in den Ohren:

„Nate ist gestorben, weil du ihn aufgegeben hast."

Als wir das Krankenhaus verließen und zum Parkplatz gingen, bat ich Gott darum, mir einen Vers zu geben, der mich trösten könnte. Daraufhin fiel mir sofort ein Vers aus Psalm 116 ein: *Kostbar ist in den Augen des Herrn das Sterben seiner Frommen (Vers 15),* und noch ein anderer Vers: *Meine Tage waren schon gebildet, als noch keiner von ihnen da war. (Psalm 139,16)*

Später allerdings suchten mich die Worte der Anruferin wieder heim. Aber Glen half mir, damit ins Reine zu kommen, indem er sagte: „Marilyn, du hast Nate nie aufgegeben, sondern du hast ihn nur Gott übergeben."

Glen hatte Recht. Er erinnerte mich auch an das Gebet, das ich auf dem Weg zum Krankenhaus gesprochen hatte: „Gott, wir geben dir alle Macht über Nates Leben. Wir vertrauen darauf, dass er gesund wird, aber wenn es nicht dein Wille ist, dann wollen wir auch damit zufrieden sein. Wir beugen uns deiner Macht."

Immer, wenn ich nach Nates Tod dieser Dame begegnete, musste ich mir ins Gedächtnis rufen: „Ich habe ihn nicht aufgegeben; ich habe ihn nur übergeben." Wenn ich auch in meinem Herzen davon überzeugt war, dass ich Nate nicht aufgegeben hatte, so wusste ich doch, dass sie dies noch immer glaubte. Und so hatte ich jedes Mal, wenn ich sie sah, das Gefühl, weinen zu müssen. Ihre Worte richteten eine Mauer zwischen uns auf, die nicht so leicht zu überwinden war:

Ein verletzter Bruder hält härter denn eine feste Stadt; und Zank hält härter denn Riegel am Palast. (Sprüche 18,19)

Denjenigen, die andere trösten wollen, möchte ich daher raten, sehr einfühlsam zu sein. Wenn Sie mit Menschen sprechen, die eine seelische Krise durchmachen, sollten Sie bedenken, dass Gott in deren Herzen wirkt und Ihre eigenen Worte nur danach ausrichten, was die Betroffenen selbst äußern.

In unserem Fall bereitete Gott uns auf unserer Fahrt zum Krankenhaus eindeutig auf Nathans Tod vor. Er wirkte auf uns ein und senkte Frieden in unsere Herzen. Die Menschen, die uns nahestanden, spürten das sofort. Nate ist nicht gestorben, weil wir ihn „aufgegeben" hatten; Nate starb, weil Gott sagte: „Du fehlst mir, Nate; komm nach Hause."

Es ist zwar sehr wichtig, auf den Verlust eines Menschen schnell zu reagieren – durch einen kurzen Brief, eine Karte oder einen persönlichen Besuch. Aber Sie sollten sich nicht verpflichtet fühlen, die seelische Erschütterung erklären oder rechtfertigen zu müssen.

Deshalb kann es sich als äußerst heikel erweisen, Menschen in einer Krise mit guten Ratschlägen zu trösten. Denn selbst wenn Ihre Vorschläge durchaus positiv sind, kann es sein, dass diese von Menschen, die sich mitten in einem solchen Trauma befinden, nicht positiv aufgenommen werden.

Dr. Henry Brandt ist seit mehr als dreißig Jahren mein persönlicher Freund, und wir haben viele Prüfungen gemeinsam überstanden. Ich vertraue ihm und bitte ihn oft um Rat. Onkel Henry, wie ich ihn liebevoll nenne, verbrachte das Wochenende nach Nates Tod bei uns. Ich war froh, dass er kam.

Jedes Mal, wenn ich von neuem über unsere Situation die Fassung verlor, legte Onkel Henry seinen Arm liebevoll um mich und sagte:

„Der Friede, den Christus schenkt, soll euer Leben bestimme." (Kolosser 3,15)

Diese Worte stammen aus der Bibel, aber jedes Mal, wenn er mich in den Arm nahm und mich an seiner geistlichen Einsicht teilhaben ließ, wurde ich zornig.

Zwar war mir klar, was er zu sagen versuchte – er wies mich darauf hin, dass mein Seelenfrieden von Christus kommen sollte und nicht von der Situation, in der ich mich befand –, aber ich wollte absolut nichts davon hören. Mein Sohn war tot; wie konnte ich da Frieden haben?

Glücklicherweise kannten Dr. Brandt und ich uns so gut, dass er es riskieren konnte, meinen Zorn zu erregen. Und als dieser nachließ, halfen mir seine Worte tatsächlich, Gott wieder um seinen Frieden zu bitten und so diesen Dezember meines Lebens zu überwinden.

Ich habe mir eine einfache Regel zurechtgelegt, von der

man sich leiten lassen sollte, wenn man mit einem Hinterbliebenen spricht:

Wenn Sie nicht wissen, was Sie sagen sollen, wenn Sie
nicht sicher sind, welchen Einfluss Gott auf diese Situation nimmt, nehmen Sie diesen Menschen einfach in den
Arm. Und seien Sie sparsam mit Ratschlägen!

Wenn Sie jedoch selbst der Trauernde sind und Menschen Ihnen Dinge gesagt haben, die auf Sie verletzend
wirkten oder Ihnen nicht halfen bzw. Sie in Ihrem Kummer nicht trösteten, dann bitten Sie Gott darum, Ihre Reaktion zu leiten. Denn es ist unwahrscheinlich, dass diese
Menschen die Absicht hatten, Ihnen gegenüber unfreund-
lich zu sein. Und vielleicht haben sie Ihnen, wie in Dr.
Brandts Fall, im Grunde genau das gesagt, was zu sagen
nötig war. Versuchen Sie aus Erfahrung zu lernen, und sei-
en Sie im Umgang mit anderen sensibel und mitfühlend.

Bevor Sie versuchen, einem Angehörigen mit tröstenden
Worten zu helfen, sollten Sie sicher sein, dass Sie ein gutes
Verhältnis zu ihm haben, und sich nicht verletzt fühlen,
wenn er Ihre Ratschläge nicht sofort annimmt. Ich bin froh,
dass Dr. Brandt bereit war, das Risiko auf sich zu nehmen,
und ich bin auch dankbar dafür, dass er selbst dann noch
bei mir blieb, als ich seinen Rat nicht befolgen wollte.

Wenn wir trösten, sollten wir auf leisen Sohlen kommen.
Manchmal kann man einfach nichts anderes sagen als: „Ich
habe dich lieb; ich bete für dich, und ich bin deinetwegen
hier."

*Das Herz des Weisen macht seinen Mund klug, es mehrt auf
seinen Lippen die Belehrung. (Sprüche 16,23)*

Ich möchte Ihnen nun noch einige Vorschläge machen,
wie Sie Menschen ermutigen und trösten können, ohne
sich groß der Gefahr auszusetzen, etwas Falsches zu sagen.

Trotz Kummer und Leid müssen Menschen immer noch

essen, aber nur wenige Hinterbliebene haben in dieser Situation die Lust oder die Kraft, sich selbst Mahlzeiten zuzubereiten. Wenn Sie also gerne kochen und Zeit haben, wird Ihr Lieblingsessen bei einer trauernden Familie bestimmt sehr viel Anklang finden.

Sie brauchen auch kein exquisiter Koch zu sein, um zu helfen. Meine Freundin Jackie kam z. B. an diesem schicksalhaften Freitagmorgen kurz nach dem Frühstück mit einer großen Tüte Lebensmittel an: mit Käse, Keksen, Brot, Zimttörtchen und anderen Stärkungen, Servietten und Papptellern. Das hat uns sehr geholfen.

Vor einigen Jahren starb ganz plötzlich ein junger Mann, der Sohn eines Kollegen von Glen aus dem Gemeinderat. Ich hatte das Gefühl, dass wir die Familie umgehend besuchen sollten. Da wir sie jedoch nicht gut kannten, war ich etwas befangen.

Ich nahm daher ein selbstgebackenes Brot aus meiner Kühltruhe und dachte mir, selbst wenn sie uns nicht sehen wollen, mein Brot werden sie doch bestimmt mögen. So gingen wir sie also mit dem Brot in der Hand besuchen; ein Freund der Familie begrüßte uns, nahm das Brot an und bat uns hinein.

Wir fanden die Familie und ihre guten Freunde so gelähmt durch die Todesumstände des jungen Mannes vor, dass offensichtlich niemand in der Lage war, an das zu denken, was zu tun nötig war. Ich fragte: „Ist der Pastor schon gerufen worden?"

„Nein."

„Sind Freunde benachrichtigt worden?"

„Nein."

Außerdem waren weder Vorkehrungen für Mahlzeiten getroffen noch Unterkünfte für Verwandte arrangiert worden, die von außerhalb kommen würden.

Als ich fragte, ob ich bleiben könne, um bei einigen dieser Angelegenheiten behilflich zu sein, nahmen die Angehörigen mein Angebot gerne an.

Glen kehrte nach Hause zurück, um sich um unsere Kinder zu kümmern, und ich blieb bis zum späten Abend. In den nächsten Tagen kam ich täglich wieder, um bei den Beerdigungsvorbereitungen zu helfen, Telefonate zu erledigen und Mahlzeiten zu planen. Die Mutter des Verstorbenen bat mich sogar, ihr beim Aufräumen seines Zimmers behilflich zu sein.

Ein einfacher Laib Brot hatte uns die Tür geöffnet und es ermöglicht, die Bedürfnisse der Familie zu erkennen und ihr in ganz wesentlicher Weise zu helfen.

Als eine besonders freundliche Geste, für die ich sehr dankbar war, habe ich es empfunden, wenn mir Leute Bilder brachten, die sie von Nate gemacht hatten. Wenn auch einige davon Situationen darstellten, die wir ebenfalls aufgenommen hatten, so waren die Fotos doch unterschiedlich. Andere Leute wiederum sammelten für uns Zeitungsartikel über den Unfall und die Beerdigung.

In der Woche nach Nates Tod hielten mehrere von seinen Klassenkameradinnen unser Haus in Ordnung. Zwei von ihnen, Debbie und Julie, erboten sich sogar, für den Rest des Schuljahres jede Woche zu kommen. Was für ein Segen!

Ich bin ein ordentlicher Mensch und habe unter normalen Umständen keine Schwierigkeiten, mein Haus selbst sauber zu halten. Aber während dieser Zeit waren mir die Reinigung eines Badezimmers oder das Hantieren mit dem Staubsauger völlig unwichtig. Ich brauchte meine Kraft für meine Arbeit. Und wenn ich nach Hause kam, sank ich auf einen Stuhl und hatte weder die seelische noch die körperliche Kraft viel zu putzen oder zu kochen. Ich bin so dankbar, dass diese Mädchen erkannten, was mir Not tat, und bereit waren zu helfen.

Durch diese Aktion hielt Gott noch eine besondere Freude für uns alle bereit: Zwei Jahre später wurde Debbie meine Schwiegertochter! Wir beide betrachten ihre „Hausgehilfinnen-Tage" als eine wunderbare Zeit, in der sich eine zukünftige Schwiegermutter und ihre Schwiegertochter kennen lernen konnten. Debbie ist eine unserer ganz besonders wundervollen Rosen.

Nach Nathans Tod erhielten wir mehr als sechshundert Karten und Briefe, die mich auch heute noch trösten. Die Karten mit persönlichen Formulierungen haben mich in dieser Hinsicht besonders angesprochen.

Viele Menschen haben es vorgezogen, uns keinen Besuch abzustatten, sondern stattdessen anzurufen. Das war schön, aber oft konnte ich mich aufgrund der Unruhe in unserem Haus nicht lange mit ihnen unterhalten. Und außerdem tat es mir Leid, dass ich sie nicht in den Arm nehmen konnte.

Einige schickten Beileidstelegramme, und wir waren für ihre Aufmerksamkeit dankbar. Wir freuten uns auch über die Blumen und Pflanzen, die uns geschickt wurden. Da ich es geschafft habe, die meisten Pflanzen zu erhalten, sind sie eine wunderschöne Erinnerung an die Menschen, die mit uns getrauert haben.

Sie können also einem Hinterbliebenen auf ganz verschiedene Weise helfen, und es ist daher das Beste, wenn Sie Gott bitten, Ihnen die Augen für die Art der Hilfe zu öffnen, die für Sie die natürlichste ist.

Nate und der andere junge Mann, der bei dem Unfall verletzt worden war, hatten in der Sportkapelle Trompete gespielt. Und da am Abend nach dem Unfall das Basketball-Eröffnungsspiel unserer Schule stattfinden sollte, fragte sich Helen, die auch Kinder an unserer Schule hatte und eine ausgezeichnete Trompetenspielerin ist, wie eine Sportkapelle ohne Trompeten überhaupt für Schwung sorgen kann.

Die Lösung, die ihr dazu einfiel, sah folgendermaßen aus:

Sie schaute bei uns herein und meinte: „Wenn du mir Nates Noten gibst, spiele ich heute Abend beim Eröffnungsspiel gern die Trompete für ihn, wenn euch das recht ist." Helen hatte eine großartige Möglichkeit gefunden, uns in einer Zeit der Not zu helfen!

Kürzlich nahm ich an der Beerdigung eines jungen Mannes teil, der ebenfalls durch einen betrunkenen Fahrer zu Tode gekommen war. Jemand hatte ein Photoalbum angelegt, das einen Querschnitt durch Tims Leben gab. Zusätzlich war auf einer Staffelei noch eine Collage ausgestellt: schöne Erinnerungen, an denen wir alle uns erfreuen konnten. Ein ganz besonderer Beitrag!

Tim hinterließ einen sechs Monate alten Sohn, der keine Erinnerungen an seinen Vati hatte sammeln können. Deshalb lag, als wir das Ausstellungszimmer des Beerdigungshauses betraten, neben einigen leeren Blättern eine hübsch gedruckte Notiz auf dem Tisch, auf der die Gäste gebeten wurden, eine Erinnerung an Tim aufzuschreiben. Diese Erinnerungen sollten in einem Buch gesammelt werden, das für Tims Sohn bestimmt ist, wenn er das Alter erreicht hat, in dem er es zu schätzen weiß. Das Buch wird für den Sohn die dringend nötige Verbindung zu seinem Vater, den er nie gekannt hat.

Nachdem das Haus meiner Freundin Barbara bei einem Brand in Südkalifornien vernichtet wurde, erinnerte sie sich:

Eine meiner Freundinnen ging durch ihr gesamtes Haus und packte eine große Zahl von Sachen ein, von denen sie meinte, dass sie ihr selbst nützlich wären, wenn sie nichts mehr besäße. Und so brachte sie uns alle möglichen Dinge, angefangen bei Shampoo über Stecknadeln bis hin zu Hand- und Gesichtstüchern und sogar Flanellschlafanzüge für meinen Mann.

Zu Weihnachten schenkte uns ein junger Mann einen Schirm, Puzzlespiele für die ganze Familie und meinem Mann Werkzeug.

Eine nette Dame, die überaus zurückhaltend ist, kam mit hübschen Kleidern vorbei (einige davon nagelneu), in genau der Größe, die ich brauchte. Und als sie gegangen war, entdeckten wir noch Brötchen und eine Pastete und alle möglichen anderen leckeren Dinge. Ich bin mir nicht sicher, ob sie je ein Wort darüber verloren hat, aber wir werden nie vergessen, was sie mit ihrer Tat zum Ausdruck brachte.

Als eine andere Freundin und deren Kinder versuchten, mit einer unerwarteten und ungewollten Scheidung fertig zu werden, war sie allen Familien sehr dankbar, die ihre Kinder gelegentlich zu Ausflügen mitnahmen. Aber sie erinnert sich auch daran, wie oft sie sich wünschte, dass ihr jemand Reparaturen im Haus oder einfache Inspektionen am Wagen erledigte.

Ich selbst habe einen Vorschlag, dessen Wert mir erst im Nachhinein bewusst wurde. Es wäre für uns hilfreich gewesen, wenn wir ein Gästebuch in unserem Haus gehabt hätten, um all die Namen der Freunde aufschreiben zu können, die uns besuchten oder uns mit Essen versorgten. Mehrere hundert Menschen gingen in jener Woche in unserem Haus ein und aus, und ich wünschte, ich könnte mich an alle erinnern.

Ich wünschte auch, dass es jemanden gegeben hätte, der uns in jenen Stunden kurz nach Nates Tod dabei geholfen hätte, uns zu besinnen. Auch bedauern wir beide, Glen und ich, dass wir nicht daran dachten, einige von Nates Organen an Bedürftige zu spenden. Und wir bereuen auch, dass wir nicht darum baten, Nate nach seinem Tod im Krankenhaus sehen zu dürfen. Erst später wurde uns klar, dass wir beide nicht eher davon überzeugt waren, dass es sich wirklich um Nate handelte, bis wir ihn im Sarg sahen. Obwohl wir beide den Wunsch gehabt hatten, ihn im Krankenhaus zu sehen, waren wir nicht in der Lage gewesen, unseren Gedanken Ausdruck zu verleihen.

Wenn Sie mit Hinterbliebenen zusammen sind, seien Sie ein guter Zuhörer. Machen Sie ihnen Mut, sich freimütig auszusprechen. Und tadeln Sie sie nicht für das, was sie sagen oder empfinden, sondern helfen Sie ihnen, ihre Gefühle zu äußern. Versuchen Sie auch, sie zu verstehen. Oft neigen wir dazu wegzubleiben, wenn Freunde trauern, weil wir nicht wissen, wie wir ihnen helfen können. Nach Nates Tod jedoch habe ich herausgefunden, dass die kleinen Dinge mir genauso viel bedeuteten wie die großen. Auch dann, wenn wir eigenen Kummer haben, können wir eine Rose für die Menschen um uns herum sein, wenn wir dazu bereit sind, ein Gespür für ihre Bedürfnisse zu entwickeln.

Die Rose der Vergebung

Weg also mit aller Verbitterung, mit Aufbrausen, Zorn und jeder Art von Beleidigung! Schreit einander nicht an. Legt jede feindselige Gesinnung ab. Seid freundlich und hilfsbereit zueinander und verzeiht euch gegenseitig. Auch Gott hat euch ja durch Christus eure Schuld vergeben. (Epheser 4,31+32)

„Hast du ihm schon vergeben?"

„Wie denkst du inzwischen über ihn?"

Das waren Fragen, die mir die Menschen in den ersten Tagen stellten, nachdem unser Sohn durch einen Autofahrer, der unter Alkoholeinfluss gestanden hatte, ums Leben gekommen war. Damals war es für mich am einfachsten zu sagen: „Ich weiß selbst nicht, wie ich über ihn denke." Ich war noch damit beschäftigt, mit Nates Tod fertig zu werden, und konnte mich in dieser Zeit nicht auch noch mit dem Fahrer befassen.

Mit dieser Antwort kam ich über die ersten Wochen hinweg, aber dann fing ich selbst an, mir sie zu stellen:

„Wie denke ich denn tatsächlich über ihn? Habe ich ihm vergeben?"

Ich hatte Angst, ihm gegenüberzutreten, weil ich nicht genau wusste, wie ich über ihn dachte. Was würde ich tun, wenn ich den Mann, der den Tod meines Sohnes verschuldet hatte, sehen müsste – den Mann, der uns die Möglichkeit nahm, Nate heranwachsen zu sehen?

Als ich erfuhr, dass der Unfall durch einen Betrunkenen verursacht worden war, packte mich der Zorn. Aber ich erinnerte mich, dass mich dieses Gefühl auch überkam, als Ethan gestorben war. Damals hatte sich mein Zorn allerdings nicht gegen einen betrunkenen Fahrer gerichtet –

sondern gegen Gott. Ich hatte das Gefühl gehabt, von ihm „ungerecht behandelt" worden zu sein. Hatte ich ihm nicht Vertrauen entgegengebracht und ihm zugestanden, dass er mit Ethans Leben nach seinem Willen verfahren könne? Und anstatt Ethan zu heilen, hatte er ihn sterben lassen.

Der Zorn in mir fraß sich weiter und wurde schließlich zur Bitterkeit – bis ich eine Passage aus Dr. S. I. McMillans Buch „None of these Diseases" (Keine von diesen Krankheiten) las:

> *In dem Augenblick, in dem ich beginne, einen Menschen zu hassen, werde ich sein Sklave. Ich kann nicht mehr arbeiten, weil er sogar meine Gedanken beherrscht. Bedingt durch meinen Hass, produziert mein Körper zu viele Stresshormone, so dass ich schon nach wenigen Stunden Arbeit ermüde. Die Arbeit, die ich zuvor gern getan habe, wird zur Schinderei ...*
> *Der Mensch, den ich hasse, verfolgt mich, wohin ich auch gehe. Ich kann seinem tyrannischen Zugriff auf meinen Geist nicht entgehen.*

Mein Zorn und mein Hass hatten sich allerdings damals nicht auf eine bestimmte Person konzentriert, sondern auf eine Situation. Ich empfand Zorn über Ethans Tod. Und dieser Zorn hatte mich derart beherrscht, dass ich erst sehr viel später, nachdem ich die obige Passage gelesen hatte, in der Lage war, dieses Gefühl als Sünde einzugestehen. Erst danach konnte ich den Herrn darum bitten, mir dabei zu helfen, mich mit meiner Situation abzufinden.

Als ich dann erfuhr, dass Nate durch die Trunkenheit eines Fahrers den Tod gefunden hatte, stiegen erneut Zorn und Hass in mir auf. Aber da ich nicht wieder der Sklave meiner Gefühle sein wollte, bat ich Gott diesmal sofort darum, mich davon zu befreien und mir dabei zu helfen, diese furchtbare Situation zu überwinden. Ob mein Gebet erhört worden war, sollte sich jedoch erst zeigen, als ich dem Mann, der für Nates Tod verantwortlich war, Auge in Auge gegenüberstand.

An dem Tage, an dem wir zum ersten Mal vor Gericht erscheinen mussten und ich den Flur des Gerichtshofes im zweiten Stock betrat, sah ich einen Mann in einem Rollstuhl und wusste sofort, dass er es war. Während ich auf den Rollstuhl zuging, wurde dieser umgedreht, so dass ich das Gesicht des Mannes erkennen konnte. Er machte einen sehr eingeschüchterten Eindruck auf mich.

Ich spürte keinen Zorn, geschweige denn das Bedürfnis zu schreien oder gar ihn zu schlagen. Gott hatte die Bitterkeit von mir genommen und mir gewährt, diesem Mann zu vergeben.

Als ich das Gesicht des Mannes sah, empfand ich jedoch außer dem Gefühl der Vergebung auch noch Erleichterung – Erleichterung darüber, dass ich Nates Mutter und nicht die Mutter dieses Mannes war. Denn mir wurde klar, dass es die Sünde war, die das Leid dieses Mannes verursacht hatte, und ich war erleichtert darüber, dass Nate uns in den gesamten siebzehn Jahren seines Lebens niemals Leid zugefügt hatte. Wir brauchten unserem Sohn nicht beizustehen, mit der Schuld fertig zu werden, die auf ihm gelastet hätte, wenn jemand durch ihn ums Leben gekommen wäre.

In der Januarausgabe der Zeitschrift „Family Life Today" aus dem Jahre 1985 kennzeichnet Lewis Smedes vier Stadien der Vergebung:

Das erste Stadium ist das des Schmerzes: Wenn Ihnen jemand einen Schmerz zufügt, der so groß und unverdient

ist, dass Sie ihn nicht verwinden können, geraten Sie un-
weigerlich in die Krise der Vergebung.

Das zweite Stadium ist das des Hasses: Sie können den
Gedanken daran, welch großer Schmerz Ihnen zugefügt
worden ist, nicht abschütteln, und Sie sind nicht fähig, Ih-
rem Feind Gutes zu wünschen. Manchmal wünschen Sie
auch, dass der Mensch, der Ihnen diesen Schmerz zugefügt
hat, ebenso leidet wie Sie.

Das dritte Stadium ist das der Heilung: Sie können den
Menschen, der Ihnen Schmerz zugefügt hat, in einem neu-
en Licht sehen. Ihre Wunden vernarben, der Schmerz
schwindet, und Sie sind wieder frei.

Das vierte Stadium ist das der Begegnung: Sie nehmen den
Menschen, der Ihnen Schmerz zugefügt hat, wieder in Ihr
Leben auf. Wenn er oder sie ehrlich auf Sie zukommt, kön-
nen Sie beide durch die Liebe zu einer neuen, gesunden
Beziehung gelangen. Das vierte Stadium hängt sowohl von
dem Menschen ab, dem Sie vergeben, wie auch von Ihnen
selbst. Manchmal kommt der Mensch, der Sie verletzt hat,
nicht zurück, und dann muss die Heilung bei Ihnen allein
erfolgen. (aus: Smedes, Vergeben und Vergessen, Francke, 2001)

Nate starb im Februar, aber den Fahrer des anderen Wagens sah ich erst mehrere Monate später. Gott brauchte
diese ganze Zeit, um mein Herz auf die Begegnung vorzu-
bereiten und mich zur Vergebung bereit zu machen.

Alle Stadien, die Mr. Smedes erwähnt, habe ich selbst
durchgemacht. Der Schmerz, den ich empfand, erschien
mir unerträglich. Nate war tot. Ich würde ihn in diesem
Leben niemals wiedersehen. Ich war völlig gebrochen. Ein
Wildfremder hatte uns diesen unbarmherzigen, übergro-
ßen Schmerz zugefügt und unser Leben völlig durcheinander gebracht.

Obwohl es nicht der Mann selbst war, den ich hasste, so hasste ich doch die Tatsache, dass er es vermocht hatte, uns in dieses Chaos zu stürzen und dennoch frei und offensichtlich unversehrt umherzulaufen.

Im Sommer nach Nates Tod verfuhr ich mich auf dem Weg zu einer meiner Freundinnen. Als ich auf ein Straßenschild schaute, stellte ich fest, dass ich mich gerade auf der Straße befand, in der der Mann wohnte, der Nate getötet hatte. Ich wollte gar nicht dorthin, aber bevor ich eine Stelle zum Drehen gefunden hatte, sah ich, wie er mit seinem Sohn Ball spielte.

Nachdem ich um die nächste Ecke gebogen war, parkte ich den Wagen und weinte. Ich war voller Hass darüber, dass er – der Mann, der den Tod meines Sohnes verschuldet hatte – einen Sommernachmittag mit seinem Sohn genießen konnte. Er hatte mich eines Privilegs beraubt, das er selbst immer noch genoss. Oh, wie ich damals wünschte, dass er meine Trostlosigkeit und meinen Schmerz empfinden müsste.

Die Heilung setzte bei mir ein, als ich ihm im Gerichtssaal begegnete. Ich war zu jener Zeit erstmals fähig, ihn in einem neuen Licht zu sehen – nicht nur als den Mann, der unser Leben verwüstet hatte und der ganz offensichtlich keine Rücksicht auf unsere Gefühle genommen hatte, sondern jetzt auch als einen Menschen, als einen armen Menschen, der Angst hatte.

Zu einer „Begegnung" ist es jedoch aufgrund der rechtlichen Umstände nie gekommen. Ich bin allein geheilt worden. Und obwohl ich dem Mann, der Nates Tod verursacht hat, meine Gefühle nie habe mitteilen können, hat Gott mich so gut geheilt, dass ich ihn heute sogar um Frieden für diesen Menschen bitten kann.

Wir Christen sind jedoch im Irrtum, wenn wir von allen

Opfern erwarten, dass sie sofort bereit sind, den Menschen zu vergeben, die ihnen Schmerz zugefügt haben. Am Morgen nach Nates Tod kam z.B. eine Freundin zu mir und bat mich, sofort zum Krankenhaus zu gehen und dem Fahrer zu sagen, dass ich ihm vergeben hätte. Obwohl Glen und ich mitten in der Nacht den mit uns befreundeten Krankenhauskaplan aufgesucht und ihn gebeten hatten, den Unfallfahrer sobald wie möglich zu besuchen, war ich zu dem Zeitpunkt nicht gewillt, dem Mann persönlich gegenüberzutreten.

Eine andere Bekannte, die darauf bestand, dass ich ihm unverzüglich meine Vergebung bewies, sandte ihm in ihrem Namen und in unserem Namen eine Karte mit den Worten: „Wir lieben Sie und vergeben Ihnen."

Es hätte mir sicherlich keine Mühe bereitet, zum Krankenhaus zu fahren oder aber schnell eine Karte zu schicken, mit der ich ihm meine Vergebung aussprach. Aber in meinem Falle wäre dies verfrüht gewesen.

Wenn wir leiden, sollten wir nicht das Gefühl haben, schnell vergeben zu müssen. Denn wir brauchen unter Umständen eine gewisse Zeit, bis sich das Geschehen gesetzt hat und Gott in unserem Herzen wirken kann. Wenn Sie selbst gerade Schmerzliches erleben, dann vertrauen Sie sich Gottes Führung an und erlauben Sie ihm, Ihnen den Weg zur Vergebung zu weisen.

Ich möchte Sie auch darauf hinweisen, dass Sie bei sich vielleicht sogar eine neutrale Zone feststellen können, einen Bereich, der völlig ohne Gefühle in der einen oder der anderen Richtung ist. Sie sind einfach wie betäubt. Dieser neutrale Bereich kann eine Fügung Gottes sein, um Sie vor Kummer und Zorn zu schützen, Gefühle, die sonst die Übermacht über Sie gewinnen und Sie zu unbeherrschten Handlungsweisen treiben könnten. Vergebung, insbesondere wenn Sie sich in einem Schock oder einer seelischen Krise befinden, braucht einfach ihre Zeit. Geben Sie Gott diese Zeit!

Obwohl Gott mir half, dem betrunkenen Fahrer gegenüber Bitterkeit und Zorn im Zaum zu halten, ließ ich mich doch auf einem anderen Gebiet dazu verleiten.

Weil alle Jugendlichen, die bei dem Unfall in Nathans Wagen gesessen hatten, aus christlichen Familien kamen, hatte ich gehofft, dass wir es schaffen würden, harmonisch miteinander zu verhandeln. Aber es fiel uns schwer, uns auch nur in einem einzigen Punkt zu einigen. Deswegen dauerte die Regelung des Schadenaufkommens durch die Versicherung statt der erwarteten sechzig bis neunzig Tage, fünfzehn Monate – Monate voller Schwierigkeiten und Kränkungen. Und meine Bitterkeit wuchs.

Ich wusste, dass Gott mir bei der Überwindung dieser Gefühle hätte helfen können, aber ich wollte seine Hilfe nicht. Ich saß lieber da und kochte. Warum konnten die anderen Familien nicht einsehen, dass es für uns notwendig gewesen wäre, die rechtlichen Angelegenheiten abzuschließen? Es war, als ob wir auf den Segen bei einer Beerdigung warteten. Wir konnten keine eigenen Entscheidungen treffen, und wir konnten auch nicht über unsere Zeit verfügen. Denn jedes Mal, wenn ich dachte, ich bekäme die Dinge allmählich in den Griff, erhielten wir einen Anruf vom Rechtsanwalt oder der Versicherungsgesellschaft, und alles fing wieder von vorne an. Ich war erbost über diese Situation und über die Menschen, die es „zuließen, dass sich alles so lange hinzog".

Wenn ich den Mitgliedern der anderen Familien begegnete, zitterten mir die Hände, und wenn sie zu uns kamen, weinte ich. Ich ließ es zu, dass mein Verhalten gegenüber allem und jedem vom Zorn diktiert wurde.

Eines Tages, als der Zorn besonders stark in mir brodelte, erhielt ich folgende Zeilen von einer Freundin: „Marilyn, ich verstehe zwar nicht, was du momentan durchmachst, aber ich möchte dir trotzdem einen Gedanken mitteilen: ‚Halte die Wunde sauber‘."

Das war genau der richtige Zeitpunkt! Ich brach in Tränen aus und schrie Gott um Hilfe an. Ich hatte die Wunde nicht sauber gehalten, sondern hatte es zugelassen, dass sie durch meine große Bitterkeit faulte. Als ich dem Herrn meine Sünde beichtete, bat ich ihn, mir zu vergeben und mir zu helfen, die Wunde von allem zu reinigen, was einen guten Heilungsverlauf verhindern würde: von Zorn, Bitterkeit, Enttäuschung und Ungeduld. Obwohl ich sofort den Wunsch hatte, diese Eigenschaften auch tatsächlich abzulegen, bedurfte es jedoch damals und bedarf es auch heute noch vieler Mühen und Entschlossenheit, dass die Wunde nicht wieder von neuem zu faulen beginnt. Seither habe ich viel Zeit mit Studium und Gebet verbracht und Gott immer wieder darum gebeten, mir darin beizustehen, „die Wunde sauber zu halten".

Joni Eareckson Tadas Buch „Der nächste Schritt" hat mir dabei geholfen, unsere Situation aus dem Blickwinkel anderer zu sehen und zu lernen, anderen zu vergeben. Sie führt aus:

Ich kam endlich zu dem Schluss, dass sich das Leid der Menschen durch das Bild einer Leiter veranschaulichen lässt, die alle Abstufungen von wenig bis viel Leid umfasst. Jeder Mensch steht bei diesem Bild auf einer bestimmten Sprosse der Leiter.

Und es stimmt. Wo immer wir uns auch gerade auf dieser Leiter befinden, das heißt, wie sehr wir auch gerade leiden, wir sollen es ertragen. Es wird immer Menschen unter uns geben, die weniger leiden als wir, aber auch Menschen über uns, die mehr leiden. Das Problem dabei ist nur, dass wir uns normalerweise lieber mit denen vergleichen, die weniger leiden. Auf diese Weise können wir uns selbst bemitleiden und so tun, als befänden wir uns an der Spitze der Leiter. Aber wenn wir der Wirklichkeit ins Auge blicken und uns neben diejenigen stellen, die mehr leiden, glänzen unsere Verdienstkreuze nicht mehr ganz so stark.

Gott ließ mich also erkennen, dass ich meinen Schmerz lieb gewonnen hatte. Wie viele Menschen außer mir gibt es wohl noch, die drei Kinder verloren haben? Ich stufte mich also auf der Leiter des Leidens ziemlich hoch ein: Es gab gewiss kaum jemanden, der Schmerzlicheres erlebt hatte als ich.

Gott tadelte mich für diese Haltung und ließ mich erkennen, dass es viele Menschen gibt, die einen größeren Schmerz ertragen müssen als ich. Zunächst widerstrebte mir der Gedanke, aber schließlich musste ich doch zugeben, dass ich nicht wusste, was es bedeutet, wie eine Joni Eareckson für den Rest des Lebens an den Rollstuhl gefesselt zu sein, sich mit einer Scheidung abfinden zu müssen oder am Bett eines Kindes zu sitzen, das sich im Koma befindet. Viele Menschen machen Schwereres durch als ich.

Ich musste Gott darum bitten, mir diese selbstgerechte Haltung zu vergeben und mir dabei zu helfen, allen Menschen gegenüber, die Schweres durchmachen, Mitgefühl zu zeigen – ob mir nun deren Probleme von großer Tragweite erscheinen oder nicht.

Während ich nach dieser Erkenntnis handelte, empfand ich durch Gottes Hilfe mehr Verständnis für die Menschen, auf die ich zuvor so zornig war. Vielleicht machten sie ja das Gleiche durch wie ich selbst früher: Von ihrer Position der „Leiter des Leidens" aus betrachtet, war es für sie sicher auch nicht leicht, feststellen zu müssen, dass es jemanden gab, der noch mehr litt als sie. Ich fing an, Gott täglich darum zu bitten, ihren Bedürfnissen entgegenzukommen und ihnen Frieden und Verständnis zu schenken. Dasselbe Gebet sprach ich auch für mich selbst. Kurze Zeit später kam eine der Familien zu uns und bat uns für ihren Mangel an Verständnis und Mitgefühl um Vergebung.

Gott hört und beantwortet unsere Gebete tatsächlich, aber oft sind wir es, die damit beginnen müssen, an uns zu arbeiten. Als ich Gott darum bat, mich von den Wurzeln meiner Bitterkeit zu befreien, erhörte er mein Gebet, indem er sie durch Wurzeln der Liebe und des Mitgefühls ersetzte.

Gott ist so freundlich, uns nicht alle unsere Fehler auf einmal vor Augen zu führen. Er weiß, wie viel wir jeweils verkraften können. Deshalb gab Gott mir zuerst den Wunsch ein, dem betrunkenen Fahrer vergeben zu wollen, bevor er mir erst viele Monate später ganz behutsam zeigte, dass meine Haltung gegenüber den anderen Familien falsch war. Und dann beichtete ich ihm gehorsam meine Sünde.

Fast drei Jahre nach Nates Tod nahm ich zusammen mit einer kleinen Gruppe von Menschen an einem Gottesdienst teil, bei dem der Leiter vorschlug, wir sollten Gott darum bitten, uns zunächst unsere Sünden gegenüber den im Raume Anwesenden zu offenbaren, dann gegenüber Familienmitgliedern und schließlich gegenüber den Menschen, mit denen wir sonst noch zu tun hatten. Während ich betete, hatte ich nicht das Gefühl, irgendeine Verfehlung gegenüber einem Anwesenden oder meiner Familie begangen zu haben. Als sich aber meine Gedanken anderen Menschen zuwandten, ließ Gott mich innehalten, und ich hörte die Stimme der Frau, die zu mir gesagt hatte: „Nate ist gestorben, weil du ihn aufgegeben hast." Ich versuchte mich zu rechtfertigen: „Aber, Herr, sie ist doch diejenige, die Vergebung nötig hat, nicht ich; ich habe nichts Falsches getan." Doch sofort ließ mich Gott die Bitterkeit erkennen, die ich gegen sie gehegt hatte. Als ich Gott nun um Vergebung bat, fiel mir eine große Last vom Herzen, und dann war ich frei, meiner Freundin zu vergeben. Gott wusste den Zeitpunkt, an dem ich in der Lage war, mich mit dieser Sünde zu befassen. Deshalb hat er mich auch nicht früher mit ihr konfrontiert.

Wenn Sie einen Freund haben, dem es schwer fällt, einem Menschen zu vergeben, dann verdammen Sie ihn nicht wegen seiner Gefühle. Das Beste, was Sie tun können, ist, ihm geduldig zuzuhören und ihn betend durch den Prozess der Vergebung zu begleiten.

Wenn Sie selbst gerade leiden, weil Ihnen jemand einen großen Schmerz zugefügt hat und Sie das Stadium der Krise erreicht haben, dann lassen Sie sich Zeit. Geben Sie Gott Zeit!

Es liegt in Ihrer Verantwortung, dafür zu sorgen, dass Ihre Wunde nicht wieder durch Zorn und Bitterkeit brandig wird. Halten Sie die Wunde sauber. Sprechen Sie freimütig mit Gott. Er wird Sie zur Vergebung führen.

Wenn Sie die Rose der Vergebung einem anderen Menschen anbieten, werden Sie als Gegenleistung dafür selbst eine Rose erhalten: das große Geschenk der Befreiung von der Sklaverei des Zorns und der Bitterkeit.

Die Rose der Erinnerung

Ich danke meinem Gott jedes Mal, wenn ich an euch denke.
(Philipper 1,3)

Glen und ich sind Mitarbeiter bei den „Compassionate Friends" (Die mitleidenden Freunde), einer Selbsthilfegruppe zur Unterstützung von Eltern, die ihre Kinder verloren haben. Jeden Monat kommen Eltern, denen ein Kind gestorben ist, neu hinzu und stellen Fragen wie diese:

„Warum erwähnt niemand seinen Namen?" „Warum sprechen sie nicht von ihm?"

„Haben sie ihn denn schon vergessen?"

Ihre Freunde, die noch keinen Menschen durch Tod verloren haben, meinen dazu: „Wir wollen euch nicht an euren Verlust erinnern oder gar euren Schmerz vergrößern. Deshalb halten wir es für besser, nicht mehr von eurem Kind zu sprechen."

Joe Bayly schreibt in seinem Buch „The Last Thing We Talk About" (Wovon wir als Letztes sprechen), wie seine kleine Tochter den bevorstehenden Tod ihres Bruders empfand: „Es ist, wie wenn nur immer etwas ganz vorne im Kopf festgenagelt wäre."

Die meisten Menschen, die einen geliebten Angehörigen verloren haben, werden ihr zustimmen. Denn alles, was in unserem Kopf vor sich geht, muss erst durch den einen Gedanken gefiltert werden:

Meine Frau (mein Mann, mein Kind) ist tot.

Sie können also Familienangehörige kaum an etwas erinnern, woran sie nicht ohnehin schon denken. Und Sie können auch davon ausgehen, dass den Angehörigen Geburtstage, Todestage und ganz gewiss auch die Ereignisse, die zum Tode geführt haben, immer in Erinnerung bleiben werden.

In der Woche, in der Nate seinen Unfall hatte, musste ich mich nicht nur um die Bewerbungen für ein nationales Stipendium kümmern, sondern war zusätzlich noch sehr stark mit den Bewerbungen für die Studentenhilfe beschäftigt, die in jener Woche fällig waren. Da ich als Schulberaterin diese Dinge jedes Jahr im selben Monat erledigte, bekam ich noch zwei bis drei Jahre nach dem Unfall jedes Mal sehr starke Depressionen, wenn ich anfing, mich mit diesen Bewerbungen zu beschäftigen. Es war, als ob ich erneut die Zeit vor dem Unfall durchlebte, und es half mir sehr, wenn Menschen Verständnis dafür zeigten, dass diese Zeit des Jahres sehr schwer für mich ist.

Denjenigen, die sagen: „Ich möchte nicht davon sprechen, weil dein Schmerz dadurch vielleicht noch größer wird", kann ich also nur entgegnen, dass mein Schmerz bleiben wird, unabhängig davon, ob sie ein Wort darüber verlieren oder nicht. Ich kann nun mal nicht den Dingen entfliehen, die mich daran erinnern; ich bin einfach von ihnen umgeben. Wenn meine Freunde also mir gegenüber erwähnen, dass sich wieder einmal der Jahrestag des Unfalls nähert, erinnern sie mich zwar an den Unfall, aber sagen damit auch, dass sie mit mir leiden. Dadurch stärken sie mir den Rücken und zeigen, dass sie an mir Anteil nehmen.

Obwohl es also von Freunden gut gemeint sein kann, wenn sie es vermeiden, über den Verstorbenen zu sprechen, kann dies seine Angehörigen doch sehr schmerzen. Ich spreche oft von Nate, weil ich gerne von ihm spreche. Und wenn seine Existenz von anderen zur Kenntnis genommen wird, hilft es mir, ihn in mir lebendig zu erhalten. Außerdem ist es mir im Augenblick wichtig, mich an seine normalen, natürlichen, menschlichen Eigenschaften zu erinnern.

Was den Verlust von Jimmy und Ethan betrifft, so merke ich, dass meine Erinnerungen allmählich verblassen. Ich hatte ja auch keins der beiden Babys lange genug, um viele Erinnerungen an sie sammeln zu können. Und jetzt, zwanzig Jahre später, kann ich mir kaum noch ihre Gesichter vorstellen. Deshalb fürchtete ich, als Nate starb, dass ich mich in einigen Jahren auch an ihn nicht mehr deutlich würde erinnern können. Und so bat ich den Herrn um ein besonderes Geschenk. Ich bat ihn darum, Nate im Geiste immer so sehen zu dürfen, wie er zu Lebzeiten gewesen war, und immer die Erinnerung an den Klang seiner Stimme in mir lebendig zu erhalten. Und Gott hat mir meine Bitte in einer einzigartigen und besonderen Weise gewährt.

Kurz nach dem Unfall erfuhren wir nämlich, dass Nates Trainer keine zwei Wochen vor seinem Tod ein Basketballspiel auf Video aufgenommen hatte. Auf diesem Band ist Nate lebendig! Er lenkt den Lauf seiner Mitspieler, während er selbst den Ball vor sich her über das Spielfeld treibt. Er legt dem Trainer den Arm um die Schultern, während dieser ihm eine neue Taktik erläutert. Ich sehe, wie er einem anderen Spieler aufmunternd auf den Rücken klopft, als dieser das Spielfeld betritt. Und er erringt sogar sechs Punkte. Immer wenn ich nur das Spiel ansehe, merke ich, dass ich ihm bei jedem guten Spielzug zujubele. Meine Erinnerung an Nate, wie er zu seinen Lebzeiten war, ist für immer auf diesem Band erhalten.

Mehr als zweieinhalb Jahre nach Nates Tod wollte ich mir eine Kassette anhören, die ich einige Monate vorher aufgenommen hatte, als ich bei einem Essen eine Ansprache hielt. Aus Versehen steckte ich jedoch die Kassette anders herum in den Recorder. Ich horchte erstaunt auf die

Stimme der Frau, die auf der Kassette zu hören war, und dachte: Wer ist das? Das ist doch nicht meine Stimme!

Dann vernahm ich Klaviermusik und eine männliche Stimme. Da war mir sofort klar, dass ich ein Band mit einer von Nates Gesangsstunden entdeckt hatte! Ich betete: „Oh, Gott, lass mich ihn bitte deutlich hören; quäle mich nicht!" Als er anfing zu singen, forderte die Lehrerin ihn auf, näher an sie heranzurücken. Dies bedeutete gleichzeitig, dass er auch dem Kassettenrecorder näherrückte. Ich konnte ihn also klar und deutlich hören. Gott hatte meine Bitte erfüllt!

Ich saß weinend auf dem Boden des Wohnzimmers, während ich zuhörte, wie Nate ein Lied sang und es dann mit seiner Lehrerin durchsprach. Anschließend fragte sie: „Nate, kennst du noch mehr Lieder?"

Er erwiderte: „Ja, ich kenne noch eins. Ich mag es zwar nicht so gern, aber es ist Moms Lieblingslied, und ich möchte es für sie lernen!"

Ich fühlte mich in eine Zeit zurückversetzt, in der alles noch ganz normal war, in eine Zeit, in der ich noch nicht wusste, wie viel psychischen Schmerz ein Mensch ertragen kann. Ich hörte begierig jeden kostbaren Ton von „Pierce My Ear, o Lord", dem wunderschönen jüdischen Lied, das Nate sang.

Als er geendet hatte, meinte die Lehrerin: „Nate, das war wunderschön. Ich verstehe jetzt, warum deine Mutter dieses Lied so mag."

In der für ihn typischen phlegmatischen Art meinte Nate: „Tja, es hat zwar nicht viel Melodie, aber es ist ganz sinnig."

Können Sie sich auch nur annähernd vorstellen, wie viel Freude ich empfand, als ich meinen Nate singen hörte? Es war wie ein Eilbrief vom Himmel. Mehr als zwei Jahre nach

Nates Tod hatte Gott meine Bitte erfüllt, mich nie den Klang seiner Stimme vergessen zu lassen.

Die meisten Menschen haben das Bedürfnis, über ihre verstorbenen Lieben zu sprechen. Sie hungern selbst nach noch so kleinen Erinnerungen, und sie wünschen sich, dass ihre Freunde ihnen dabei helfen, die Erinnerung an den Betreffenden lebendig zu erhalten. So meinte ein Hinterbliebener einmal: „Ein Mensch ist erst dann tot, wenn man ihn vergessen hat."

Es ist nahe liegend, dass dies ein Bereich ist, in dem Sie sehr feinfühlig sein müssen. Überlassen Sie daher dem Trauernden die Art der Gesprächsführung. Wechselt er das Thema, wenn Sie den Namen des Verstorbenen erwähnen, versucht er Ihnen damit möglicherweise zu sagen, dass es ihn zu sehr schmerzt, über seinen Verlust zu sprechen. Seien Sie einfach offen für die Hinweise, die Ihnen der Trauernde selbst gibt.

So berichtete Jean, eine Mutter, die erst kürzlich ihr Kind verloren hat, dass ihre Kollegen ihr von Kunden erzählt hatten, die am Ladentisch in Tränen ausbrachen, als sie vom Tode ihres Sohnes Joe erfuhren. Nachdem Jean ihre Arbeit wieder aufgenommen hatte, waren dieselben Kunden jedoch nicht in der Lage, mit ihr selbst über Joe zu sprechen. Als sie sich z. B. eines Tages mit einem Kunden über Frisuren unterhielt und dabei erwähnte, dass Joe seine Haare immer alle zwei Wochen geschnitten bekommen hatte, erwiderte der Kunde nur: „Ach, wie nett!" und verließ dann eilends den Laden. Wie viel besser wäre es gewesen, wenn er es fertiggebracht hätte, ihre Hand zu ergreifen und zu sagen: „Wie schön, dass Sie so frei über Joe sprechen können. Ich vermisse ihn nämlich auch."

Nate war Geländeläufer. Und als im Herbst nach seinem Tode viele seiner guten Freunde aus dem Geländelaufteam der Schule bei einem Wettkampf mitmachen sollten, bat mich Christian, einer von Nates besten Freunden, als Zuschauerin dabei zu sein. Die Veranstaltung bereitete mir auch viel Freude. Aber als die Läufer über die Ziellinie liefen, musste ich daran denken, dass Nate ein Jahr zuvor dabei so gut abgeschnitten hatte, dass er sich für die Endausscheidung qualifiziert hatte. Bei dem Gedanken daran rannen mir ein paar Tränen über die Wangen. Aber es war mir nicht peinlich, weil ich sah, dass auch Christians Vater Tränen in den Augen hatte. Er kam zu mir, legte seinen Arm um mich und sagte: „Ich denke auch an ihn."

Viele von Nates Freunden schrieben mir als Zeichen ihrer Anteilnahme Briefe, in denen sie mir von Nate erzählten. So schrieb mir z.B. Sue, eine seiner Klassenkameradinnen:

> *Für eines werde ich immer dankbar sein: für die unbezahlbaren Erinnerungen an Nate. Es fehlt mir, dass ich nicht mehr singend mit ihm über die Flure laufen kann. Er wusste immer ein Lied, das wir zusammen singen konnten. Und oft hat er mich gefragt, wie er mir helfen könnte, wenn kein anderer überhaupt wusste, dass es mir nicht gut ging. Er hat mir geholfen, meine Bürde zu tragen. Er war und ist mir noch immer ein lieber Freund.*
> *Ich möchte Sie mit diesen Zeilen nur an meiner Dankbarkeit teilhaben lassen.*

Vor dem Juni 1984 hatte ich mich besonders gefürchtet, weil dies der Termin war, zu dem Nate seinen Abschluss gemacht hätte. Bei der Abschlussfeier führten die Schüler eine selbst zusammengestellte Diaserie über Nate vor, zu der ein Tonband ablief, auf dem B. J. Thomas „Home Where I belong" (Zu Hause, wo ich hingehöre) sang. Nach der

Vorführung überreichten sie mir die Dias zusammen mit dem Tonband und dem folgenden Brief:

Liebe Mrs. Heavilin!
Diese Diavorführung kann zwar in keiner Weise all das ausdrücken, was Nate uns und Ihnen bedeutet hat, aber die Worte des Liedes „Home Where 1 belong" sollten dennoch unsere Gewissheit darüber zum Ausdruck bringen, dass wir Nate eines Tages wiedersehen werden.
Gleichzeitig beten wir darum, dass Ihnen dieses kleine Zeichen unserer Liebe zu Nate immer ein Andenken an die Zeit sein möge, in der wir Ihnen und Ihrer Familie zur Seite gestanden haben.
Die Lücke, die Nate in unserem Jahrgang hinterlassen hat, ist nicht zu ersetzen, aber er ist jetzt zu Hause, dort, wo er hingehört.
Mit all unserer Liebe in Gott, der Jahrgang von 1984.

Als Schulberaterin hatte ich die Aufgabe, bei der Abschlussfeier die Stipendien und Auszeichnungen auszuhändigen. Als ich mich darauf vorbereitete, bat ich Gott darum, meinen schier unerschöpflichen Tränenstrom dabei versiegen zu lassen.

Als Mitglied des Lehrkörpers händigte ich den Schülern außerdem noch Rosen aus, die sie ihren Eltern überreichen sollten. Die abgehenden Schüler schenken ihren Eltern jedes Jahr während der Feier Rosen.

Während ich jedem Schüler seine Rose gab, jagten sich in meinem Kopf die Gedanken: Eine davon sollte eigentlich für mich bestimmt sein. Ich möchte gern wissen, wie Nate sie mir überreichen würde. Er wäre wahrscheinlich etwas albern. Vielleicht würde er auch verlegen lachen. Vor allem, dachte ich, möchte ich auch eine Rose. Ich fühlte mich betrogen und ausgeschlossen.

Nachdem die Schüler wieder zum Podium zurückgekehrt waren, sah ich jedoch ergriffen, wie zwei von ihnen mit einem ganzen Strauß Rosen auf mich zukamen. Mit dieser Aufmerksamkeit bewiesen sie mir, dass sie Anteil an mir nahmen und Nate auch vermissten; und Gott wiederum zeigte mir, dass er das Leben dieser jungen Menschen beeinflusst. Er machte sie ernster, als die meisten Schüler am Abend ihrer Abschlussfeier sonst sind, und zusätzlich lernten sie durch Nates Tod Mitgefühl.

Ihre Anteilnahme hatte eine so befreiende Wirkung auf mich und die Zuschauer, dass wir gemeinsam weinten. Hätte ich bei der Überreichung der Stipendien meine Fassung verloren, hätte ich allein vor versammeltem Publikum weinen müssen. Aber die liebevolle Geste der Schüler machte meinen Verlust in einer Weise öffentlich, in der wir uns nicht zu schämen brauchten, zusammen zu weinen. Es dauerte vielleicht eine Minute, dann hatten wir uns wieder gefasst und konnten mit der Feier fortfahren.

Für mich war es sehr wichtig, dass man meinem Kummer Verständnis entgegenbrachte, weil ich daraus die Kraft schöpfte weiterzuleben. Wenn man einem Menschen zugesteht, dass eine Situation unter Umständen schwer für ihn zu bewältigen ist, gibt ihm dies oft erst die Kraft, tapfer zu sein. Verhält sich dagegen die Umgebung eines Trauernden in einer für ihn schwierigen Situation so, als ob nichts geschehen sei, ist es für ihn viel schwerer, die Fassung zu wahren.

So haben uns Eltern der „Compassionate Friends" berichtet, dass sie die Zusammenkünfte mit ihren Verwandten als besonders schwierig empfinden, weil kaum jemand bereit ist, ein Wort darüber zu verlieren, dass ein Familienangehöriger fehlt. Viele Eltern, die ein Kind verloren haben, haben es daher aufgegeben, ihre Familien zu Weihnachten oder zu anderen traditionellen Feiertagen zu besuchen. Denn sie zerbrechen innerlich daran, dass nicht mehr von dem Kind gesprochen wird, während ihre Familien glauben, ihnen gerade dadurch zu helfen.

Traditionsgemäß feiert unsere Familie Weihnachten am Abend des ersten Weihnachtstages. Weil dies auch Tante Lucilles Geburtstag war, machten wir immer eine Doppelfeier daraus. Nachdem jedoch Tante Lucille und Onkel Louie, Mutters Schwester und Schwager, durch die Explosion und den anschließenden Brand umgekommen waren, wollte meine Mutter, genau wie ich nach Nates Tod, den Dezember abschaffen. Aber Weihnachten ließ sich nun einmal nicht abschaffen.

Damals schickte ihr eine Freundin ein Gedicht zu, das ihre Gefühle gut zum Ausdruck brachte. Als ich nun vergangenen Dezember in einer Schachtel mit Fotos kramte, in die meine Mutter damals das Gedicht gelegt hatte, fiel es mir in die Hände.

Welch eine Fügung! Wieder einmal waren Weihnachten, ein Geburtstag und der Verlust eines geliebten Menschen miteinander verwoben. Und da das Gedicht auch noch nach fünfunddreißig Jahren der Situation angemessen war, kopierte ich es und schickte es Trauernden, mit denen ich befreundet war, zu.

„FRÖHLICHE WEIHNACHTEN"

Ich frage mich, ob Weihnachten jemals wieder „fröhlich" sein kann, außer im Herzen eines unschuldigen Kindes – denn da die Zeit uns den Kummer gelehrt und die Gemüter, die einst so ungestüm waren, ernüchtert hat,

da all die grünen Blätter, die verstreut hinter uns liegen,
wie Meilensteine die Länge des Weges markieren und das
Echo der Stimmen, die uns nie mehr grüßen werden, den
Klang der Glocken des strahlenden Weihnachtstages getrübt
hat –
dürfen wir nicht fröhlich sein; die langen Jahre verbieten es;
die Jahre, die uns so mannigfachen Schmerz gebracht haben.
Aber wir dürfen glücklich sein, wenn wir nur den Geist von
Weihnachten tief in unseren Herzen tragen.

Daher will ich dir nicht das altvertraute „Fröhliche Weih-
nachten" wünschen, da dies ein Teil der schattenlosen
Kindheit ist, sondern ein Weihnachten, das heilig und
glücklich und friedlich ist. Den Geist von Weihnachten tief
im Innersten deines Herzens.

Autor unbekannt

Da Nate am ersten Weihnachtstag Geburtstag hatte, fürchtete ich mich vor allem, was mit Weihnachten zusammen-
hing. Eingedenk der Verheißung, die ich vor Monaten entdeckt hatte und die besagte, dass Gott uns auch im Dezember Rosen schenkte, lud ich jedoch viele Freunde ein,
mit uns den Tag zu verbringen. Außerdem hatten meine
Tochter und ihr Mann eine ganz besondere Idee, mit der
sie uns helfen wollten, das erste Weihnachtsfest nach Nates
Tod zu überstehen. So zeigte mir mein Schwiegersohn Mike
am Weihnachtsmorgen eine Karte, die er zunächst an den
Christbaum gehängt hatte und sie mir dann übergab, obwohl sie an Nate adressiert war.

Liebe Familie!
Mellyn und ich wollen zum Dank für die unglaublichen

*Segnungen, die uns unser Vater zuteil werden lässt, an die-
sem Weihnachtsfest etwas Besonderes tun.*

*Es ist unser Wunsch, wenn es dem Herrn gefällt, eine neue
Tradition des weihnachtlichen Schenkens einzuführen: anderen zur Erinnerung an Nathan ein echtes Opfer zu bringen.*

Mike und Mellyn

Im ersten Jahr brachten sie einer bedürftigen Familie einen
Korb mit Lebensmitteln und teilten ihr mit, dass sie dies
zur Erinnerung an ihren Bruder Nathan täten. Im vergangenen Jahr halfen sie einer vietnamesischen Familie. Eine
solche Art des Gedenkens ist eine Rose, eine ganz besondere Rose im Dezember.

Wir haben diese Sitte ebenfalls aufgegriffen und wählen
in jedem Jahr einen Jungen aus, den wir zur Erinnerung an
Nate ins Basketballlager schicken. Auch unsere Freunde
Nancy und Peter haben sich in diesem Jahr dieser Sitte
angeschlossen und in Nates Namen einen Beitrag an eine
christliche Organisation überwiesen.

Ich bin dankbar für all die Freunde, die uns in diesen
schwierigen Jahren nicht verlassen haben. Ganz sicher war
es ihnen manchmal zu viel, ständig von Nate, dem Unfall,
der Gerichtsverhandlung, der Versicherung etc. zu hören.
Und sie haben sich wahrscheinlich gefragt, ob wir jemals
aufhören würden, über Nate zu sprechen. Aber sie hatten
Geduld mit uns und ließen uns reden. Und dies war ein
sehr wichtiger Bestandteil unserer Heilung.

Inzwischen sprechen wir nicht mehr so oft über Nate.
Wir beginnen ihn als „eins der Kinder" zu sehen und nicht
nur als „das Kind, das gestorben ist".

Auch unsere Freunde haben gelernt, ganz natürlich von
ihm zu sprechen. Wir können über seine lustigen, aber

manchmal auch ärgerlichen Angewohnheiten lachen, über die Situationen, in denen er etwas falsch gemacht hatte, über seine typischen Launen und all den Spaß, den wir mit ihm hatten. Er nimmt allmählich eine ganz normale Position in der Geschichte der Familie Heavilin ein. Viel von dieser Normalität haben wir allerdings erst dadurch wiedererlangt, dass unsere Freunde es uns ermöglicht haben, unseren Verlust zu verarbeiten, indem sie uns freimütig über ihn sprechen ließen. Darüber hinaus haben sie sich die Zeit genommen, sich gemeinsam mit uns an Nate zu erinnern. Dafür werden wir ihnen zeitlebens dankbar sein.

Wenn Sie selbst erst vor kurzem einen Menschen verloren haben, möchte ich Sie daher ermutigen, Freunde zu suchen, mit denen Sie sich aussprechen können. Auch Selbsthilfegruppen können in dieser Beziehung hilfreich sein. Vielleicht gibt es sogar in Ihrer Gemeinde eine Gruppe, die Ihren Bedürfnissen entgegenkommt. Wenn nicht, dann versuchen Sie doch eine Gruppe wie die „Compassionate Friends" zu finden. Obwohl diese nicht christlich ausgerichtet sind, werden Sie dort andere Menschen treffen, die Ihre Stimmungen und Ihre Verzweiflung verstehen können.

Sollten Sie aber Freunde oder Kollegen haben, in deren Gegenwart Sie sich unwohl fühlen, weil Sie ihnen nicht mitteilen können, wie es in Ihrem Inneren aussieht, dann seien Sie in Ihrem Urteil nicht zu streng. Handelt es sich um gute Freunde, sollten Sie ihnen Ihre Bedürfnisse behutsam klarmachen. Wenn sie dann jedoch immer noch nicht auf Sie eingehen, versuchen Sie zu verstehen, dass Milieu und Erziehung es ihnen vielleicht nicht erlauben, so frei zu sein, wie Sie es gerne hätten. Versuchen Sie sie trotzdem zu lieben, und lassen Sie sie aus der Situation lernen. Vielleicht geben Sie Ihren Freunden auf diese Weise ein Vorbild, das ihnen ermöglicht, Ihr Verhalten auf andere zu übertragen, selbst wenn sie Ihnen in Ihrer momentanen Situation nicht helfen können.

Danken Sie Gott für all die Freunde, die er Ihnen schenkt und die Sie verstehen. Solche Freunde sind wunderschöne, unschätzbare Rosen.

Die Rose der Freundschaft

Der Freund erweist jederzeit Liebe, als Bruder für die Not ist er geboren. (Sprüche 17,17)

Als ich ein kleines Mädchen war, hatte mein Vater folgenden Spruch in seinem Büro hängen: „Der Mensch ist reich zu nennen, der zwei Freunde hat." Nach Nathans Tod zeigte mir Gott jedoch, dass ich, was die Freunde anbetraf, Millionärin war!

Die meisten Menschen, die einen Schicksalsschlag erleiden, haben in der ersten Woche mehr Hilfe als sie brauchen können. Aber schon bald verflüchtigt sich die Menge, und der Hinterbliebene fragt sich dann oft: „Wo sind nur all die Menschen geblieben, die versprochen haben, mir zu helfen?"

Ich hatte Angst, dass dies auch bei uns passieren würde. Das war jedoch nicht der Fall. Natürlich verringerte sich die Zahl der Menschen, die uns Beistand leisteten, aber es blieben noch genügend übrig.

Als Nate starb, erwartete meine Freundin Donna Lynn ihr sechstes Kind und hatte daher nicht die Zeit, mich zu besuchen oder zum Essen einzuladen. Ihre begrenzte Zeit hielt sie jedoch nicht davon ab, mir zu helfen. Und zwar half sie mir, indem sie meine Hilfe in Anspruch nahm.

So rief sie z.B. an und sagte: „Marilyn, ich brauche jemanden, der etwas für mich tippt (auf das Baby aufpasst bzw. draußen bei dem Vierjährigen bleibt). Willst du nicht kommen und mir helfen?" Nachdem ich ihr geholfen hatte, blieb uns dann immer noch Zeit für ein Gespräch. Donna Lynn erreichte mit dieser Methode zweierlei: Sie half mir dabei, mich wieder als nützlich zu fühlen, und zeigte mir außerdem, dass sie Anteil an mir nahm, indem sie mir ihre wertvolle Zeit schenkte, um sich mit mir zu unterhalten. Ich bin froh, dass sie trotz ihrer vielen Arbeit bereit war, einer Freundin zu helfen.

Joan kannte ich vor dem Unfall nicht so gut, obwohl ihre Kinder gute Freunde von Nate waren. Dies hielt sie jedoch nicht davon ab, am allerersten Morgen zu uns zu kommen und uns das Frühstück zu machen.

Einige Wochen später meinte sie dann in der Kirche zu mir: „Marilyn, ich möchte dir nur sagen, wie ich dich dafür bewundere, dass du die Menschen in unserer Gemeinde an deiner Trauer teilhaben lässt. Du zeigst uns ganz offen, wie wir dir helfen können, und versuchst nicht, deine Gefühle vor uns zu verbergen. Das ist wichtig, weil wir noch eine junge Gemeinde sind und erst noch lernen müssen, wie man mit Menschen umgeht, die sich in einer Krise befinden."

Dann fügte sie hinzu: „Wärst du vielleicht bereit, dich gelegentlich mit mir zum Essen zu treffen, damit ich von dir lernen kann?"

Sie bewies damit ein wunderbares Einfühlungsvermögen. Natürlich hätte sie auch sagen können: „Ich möchte dich gerne zum Essen einladen, um dir zu helfen, meine Liebe." Aber sie ging anders vor. Sie versetzte mich in eine Position, in der ich ihre Einladung problemlos annehmen konnte, da sie mir nicht das Gefühl gab, ein Almosenempfänger zu sein.

Als ich ihr Angebot annahm, konnte ich nicht ahnen, was in den nächsten Monaten noch alles auf uns zukommen würde. Oft war ich so enttäuscht von der Arbeitsweise unseres Rechtssystems oder von den Querelen mit der Versicherung, dass ich dachte: Lass mich bloß noch bis

Mittwoch durchhalten, wenn ich mit Joan essen gehe, dann geht es mir wieder gut.

Da ich wusste, dass ich mich Joan gegenüber freimütig äußern konnte, brauchte ich mich in keiner Weise zurückzuhalten. Ich konnte ihr meine innersten Gefühle anvertrauen. Und so war Joan in diesen äußerst schwierigen Monaten wie ein befreiendes Ventil für mich. Sie half mir dabei, nicht den Verstand zu verlieren und die Situation aus einer rationalen Perspektive zu sehen.

Bei einem dieser Treffen erzählte sie mir, welche Wirkung Nates Tod auf ihre Familie gehabt hatte. Ihre Töchter Sue und Donna seien von seinem Tod so ergriffen gewesen, dass ihnen die Teilnahme an der Beerdigung, der Beileidsbesuch und ihre Hilfe nicht genügten. Deshalb drangen sie darauf, dass die ganze Familie etwas tat, was sie persönlich betraf: Sie legten alle zur Erinnerung an Nate eine mehrwöchige Fernsehpause ein, weil sie der Meinung waren, wenn das ganze Land dies zu Ehren eines verstorbenen Präsidenten tun könne, müsse die Familie Mornill erst recht in der Lage sein, ihre Fernsehzeit zu Ehren eines Freundes einzuschränken.

Ihr Opfer war rührend, aber es hatte für uns noch eine weit größere Bedeutung, weil sie uns davon berichteten. Denn es macht den Hinterbliebenen Mut, wenn sie wissen, dass andere ihren Verlust ebenfalls empfinden.

Meine Freundin Nancy war die Erste, die wir anriefen, nachdem wir von dem Unfall gehört hatten. Sie kam, mit einer Thermoskanne Kaffee in der Hand, sofort zum Krankenhaus, begleitete uns anschließend nach Hause und blieb den ganzen Freitag bis Mitternacht. Nancy und ihr Mann Pete lebten praktisch die nächsten zwei oder drei Wochen bei uns.

Nancy erledigte all die Telefonate, die zu führen wir nicht

in der Lage waren. Sie half bei der Planung der Einkäufe. Und sie kümmerte sich um die Gäste. Pete dagegen hatte die Verantwortung für die Transporte übernommen: Er beförderte die Gäste und brachte nach der Beerdigung die Stühle aus der Kirche zu uns nach Hause.

Einige Wochen später enthüllte Nancy mir jedoch, dass sie sogar noch etwas Bemerkenswerteres getan hatte. Sie überreichte mir einen Notizblock und eine Tonbandkassette mit den Worten: „Solltest du dich irgendwann einmal dazu entschließen, über diese ganze Zeit zu schreiben, dann hast du hier schon mal das Material für den Anfang zu deinem Buch."

Sie erklärte weiter, dass sie sich während der vergangenen Wochen über alles, was in unserem Hause vorgegangen war, Notizen gemacht hatte: über die Besucher, die Anrufe, die Geschenke, die Karten und unsere Reaktionen. Außerdem hatte sie noch eine Kassette mit ihren persönlichen Gefühlen über Nates Tod besprochen.

Es dauerte lange, bis ich seelisch in der Lage war, mir diese Kassette anzuhören. Ich konnte mir ohnehin nur schwer vorstellen, dass ich auch nur irgendetwas, was in jenen Wochen vorgefallen war, jemals vergessen würde. Als ich aber ungefähr sechs Monate später die Notizen las und mir das Band anhörte, stellte ich fest, dass mir vieles von dem, was sich damals ereignet hatte, bereits aus dem Gedächtnis entschwunden war. Und mit der Zeit merke ich immer mehr, welch wertvolles Geschenk Nancy mir damals gemacht hat.

Mich einfach weinen zu lassen, war jedoch das Beste, was einige Freunde für mich tun konnten. Manchmal fing ich schon an zu weinen, wenn ich nur die Stimme eines Freundes hörte. Aber meine Freunde machten mir deswegen keine Vorwürfe, sondern ließen mich einfach gewähren. Meine Freundin Diana z. B. hat immer ein sehr gutes Gespür für alles, was mich bewegt, und weiß genau, wann ich mich einmal richtig ausweinen muss. Wenn ich sie dann anrufe und frage, ob wir nicht in meinem Lieblings-restaurant etwas zusammen essen könnten, stellt sie mir keine weiteren Fragen, sondern erwidert nur: „Um wie viel Uhr?" Das Zusammensein mit Diana ist so wohltuend, weil sie freimütig zugibt, dass auch sie Nate vermisst. Au-ßerdem sieht sie nicht einfach zu, wenn ich weine, son-dern sie weint mit mir. Sie ist eine wahre Freundin.

Als meine Mutter am zweiten Jahrestag von Nates Heim-gang Blumen zu seinem Grab brachte, fand sie bereits ei-nen Strauß vor, an dem eine Karte mit der folgenden Auf-schrift hing: „Nate, wir werden dich nie vergessen. Bis bald." Sie war von Diana und ihrer Familie. Diana ist auch eine besondere Rose in unserem Strauß von Dezemberrosen.

Als Freund kann man der Familie eines Verstorbenen auch dadurch seine Anteilnahme bekunden, dass man den Kin-dern besondere Aufmerksamkeit schenkt – z.B. etwas mit ihnen zusammen unternimmt oder ihnen einfach zuhört. Denn oft sind die Eltern selbst zu durcheinander, um die Bedürfnisse der Kinder wahrzunehmen.

Unser Sohn Matt hatte seinem Freund Roger im No-vember vor Nates Tod geholfen, dessen Frau zu pflegen, als diese vor einer schweren Operation stand. Er hatte Roger verpflegt, Besorgungen für ihn gemacht und für seine Sor-gen und Nöte ein offenes Ohr gehabt. Nach Nates Unfall konnte sich Roger nun bei Matt dafür erkenntlich zeigen. Er kam ins Krankenhaus und blieb den Rest des Tages bei Matt.

Nach seinen eigenen Worten war Matt jahrelang darin aufgegangen, sich um Nate zu kümmern. Er hatte Nate und seine Freunde zu vielen High-School-Veranstaltungen gefahren und sie sogar noch am Tage des Unfalls im Rahmen des Schulausflugs nach Los Angeles gebracht.

Roger erkannte die Leere, die durch Nates Tod bei Matt entstanden war, und half ihm, indem er in den ersten Wochen nach dem Unfall so viel wie möglich mit ihm zusammen war. Es kommt oft vor, dass die Geschwister der Verstorbenen vergessen werden. Und deshalb sind wir dankbar dafür, dass Roger erkannte, wie er Matt helfen konnte: indem er einfach da war.

Unser Pfarrer hat uns seine Freundschaft auf eine besondere Art bewiesen. Obwohl Pfarrer oft die Absicht haben, den Familien der Verstorbenen täglich oder zumindest wöchentlich einen Besuch abzustatten, lassen ihre Termine dies oft nicht zu. Und so bleibt es für die Familien in der Regel nur bei einer Fülle von guten Absichten. Unser Pfarrer dagegen fand eine Methode, die es ihm gestattete, mit uns in Verbindung zu bleiben, ohne viel Zeit dabei investieren zu müssen. Das Schönste war, dass er sofort kam, als wir ihn anriefen. In der Woche vor der Beerdigung schaute er dann täglich bei uns herein, und danach rief er uns jeden Abend zwischen 21 und 22 Uhr an. Da Glen und ich einen Parallelanschluss besaßen und dadurch gleichzeitig mit ihm telefonieren konnten, war es uns möglich, unsere jeweiligen Reaktionen auf seine Fragen zu hören.

So fragte er z. B.: „Wie ist es euch heute ergangen?", woraufhin wir von den Ereignissen des Tages berichteten.

„Wie denkt ihr denn darüber?" An manchen Tagen waren wir zufrieden mit den Ereignissen und an manchen anderen nicht. Oft vergossen wir auch Tränen mit ihm zusammen.

„Und was liegt für morgen an?" Wir berichteten ihm, was für den nächsten Tag geplant war, etwa eine besondere Zusammenkunft oder ein Gerichtstermin.

„Lasst uns jetzt beten." Dann sprachen wir zusammen ein Bittgebet für den kommenden Tag.

„Und jetzt geht ins Bett und ruht euch aus." Oft gingen wir dann auch tatsächlich ins Bett, einfach weil er es uns vorgeschlagen hatte. Manchmal schien es so, als ob wir nicht einmal die einfachsten Entscheidungen selbst treffen könnten.

Diese Gespräche dauerten in der Regel zwar nur fünf bis zehn Minuten, aber sie kamen unseren Bedürfnissen sehr entgegen. Denn auf diese Weise zeigte uns der Pfarrer, dass er Anteil an uns nahm. Außerdem konnte er dabei gleichzeitig feststellen, inwieweit wir irgendwelche Bedürfnisse hatten, um die sich die Kirche kümmern konnte.

In einer großen Gemeinde wäre es dem Pfarrer wahrscheinlich unmöglich, mit der Familie eines Verstorbenen durch tägliche Telefonanrufe ständigen Kontakt zu pflegen. Aber er könnte z. B. auch einen Gemeindeältesten, einen Diakon, eine Diakonisse oder jemand anders damit betrauen, mit ihr in Fühlung zu bleiben und so zwischen der Familie, dem Pfarrer und der Kirche Verbindung zu halten.

Die Gemeindesekretärin könnte z. B. auch eine Kartei führen, in der etwa folgende Bemerkungen zu finden wären: „Nate Heavilin, gestorben am 11. Februar 1983; Karte an Marilyn und Glen schicken." Für diese besondere Art von Kontakt wäre die Familie des Verstorbenen bestimmt sehr dankbar.

In unserem Gemeindeblatt erschien während der nächsten Monate hin und wieder eine Notiz dieser Art: „Bitte denken Sie daran, für die Heavilins zu beten, die immer noch um ihren kürzlich verstorbenen Sohn trauern." Ja, unser Pfarrer ließ uns wirklich Zeit zu trauern.

Obwohl viele Menschen zwar den Wunsch haben, den

Hinterbliebenen zu helfen, unterlassen sie dies oft, weil sie einfach nicht wissen, was sie tun sollen. Um Hilfe zu erfahren, mussten Glen und ich erst einmal die Voraussetzung dazu schaffen, indem wir bereit waren, unsere Bedürfnisse überhaupt nach außen hin zu zeigen. Manchmal fiel uns dies wirklich schwer, weil wir nicht zugeben wollten, dass wir andere Menschen brauchten. Aber wenn wir es doch taten, stellten wir fest, dass die meisten Menschen nicht nur bereit, sondern geradezu erpicht darauf waren, uns zu helfen.

Es gab jedoch auch Tage, an denen ich so deprimiert war, dass ich nicht einmal die Kraft hatte, den Hörer abzunehmen, um jemanden anzurufen, der mich hätte aufmuntern können. An diesen Tagen schrie ich zu Gott: „Herr, ich glaube, ich brauche Hilfe. Wenn es dein Wille ist, dann lass jemanden anrufen oder sich auf irgendeine andere Art mit mir in Verbindung setzen. Heute habe ich einfach nicht die Kraft, auf jemanden zuzugehen. Wenn aber niemand anruft, dann weiß ich, du willst, dass ich mich mit dir allein durch meinen Schmerz kämpfe. Ich will darauf vertrauen, dass du tust, was für mich richtig ist."

Mein Gebet ist immer erhört worden, und ich habe viele Anrufe von Menschen erhalten, die sagten: „Ich weiß nicht, warum ich anrufe, aber Gott hat mich ständig an dich erinnert. Und deshalb musste ich einfach anrufen, um zu hören, wie es dir geht."

Zu anderen Zeiten, wenn ich keine Anrufe erhielt, hat mich Gott entweder auf eine Bibelstelle aufmerksam gemacht, mich zu einem Buch geführt oder mir einen besonderen Gedanken eingegeben, der meine Stimmung wieder hob und mir half weiterzuleben.

Meine Freundin Irene lebt in Chicago, mehr als dreitausend Kilometer weit entfernt. Aber wir beide haben ein sehr gutes Gespür für unsere gegenseitigen Bedürfnisse entwickelt.

So hatte ich eines Tages ein sehr starkes Verlangen, Irene anzurufen. Ich versuchte es mehrere Male, aber es war niemand zu Hause. Als ich sie schließlich spät abends erreichte, brach Irene sofort in Tränen aus und meinte schluchzend: „Oh, Marilyn, Jonathan (ihr einziges Kind) ist im Krankenhaus, und wir wissen nicht, was ihm fehlt."

Nachdem Irene mir weitere Einzelheiten berichtet hatte, konnten wir gemeinsam beten und Gott um Frieden für Irene, Jonathan und die übrige Familie bitten. Danach fühlte sich Irene durch die Erkenntnis getröstet, dass Gott ganz gewiss wusste, was für Jonathan gut war, wenn er soviel Anteil nahm, dass er sogar das Herz einer Freundin anrührte, die Tausende von Kilometern von ihr entfernt lebte.

Wenn Gott Sie an jemanden erinnert, sollten Sie also sofort reagieren. Denn dann möchte er wahrscheinlich, dass Sie unmittelbar auf die Bedürfnisse dieses Menschen eingehen. Falls Sie diesen jedoch weder anrufen noch besuchen können, nehmen Sie sich zumindest die Zeit, für ihn zu beten und Gott darum zu bitten, seinen Bedürfnissen so gerecht zu werden, wie er es für richtig hält.

Ein Freund wird sich natürlich einem Menschen, der in Not ist, nicht aufdrängen, aber er ist sensibel für dessen Bedürfnisse. Ein treuer Freund ist eine schöne Rose.

Sollten Sie allerdings selbst einen Menschen verloren haben, dann seien Sie bitte auch dazu bereit, andere wissen zu lassen, wonach Sie sich sehnen. Und wenn es Ihnen an einem Tag einmal ganz besonders schlecht geht, dann haben Sie bitte keine Angst, dies auch zuzugeben. Rufen Sie jemanden an und sagen Sie einfach: „Hilf mir!" Sollten Sie jedoch so mutlos sein, dass Sie nicht einmal mehr die

Kraft dazu haben, Hilfe von anderen zu erbitten, dann erinnern Sie sich daran, dass Gott versprochen hat, immer bei Ihnen zu sein.

Schreien die Gerechten, so hört sie der Herr, er entreißt sie all ihren Ängsten. (Psalm 34,18)

Rufen Sie Gott an. Er wird Sie nicht nur hören, sondern auch erhören. Er möchte auf ewig Ihr Freund sein.

Die Rose des Verständnisses

Weisheit erwerben ist besser als Gold, Einsicht erwerben ist vortrefflicher als Silber. (Sprüche 16,16)

Nach Nathans Tod hatte ich das Gefühl, am Arbeitsplatz, zu Hause und im Freundeskreis gleich wieder meinen gewohnten Lebensrhythmus aufnehmen zu müssen. Denn ich glaubte durch meine Rückkehr in den gewohnten Alltag den Verlust Nates verdrängen zu können – so, als ob sein Tod nur ein Traum gewesen sei. Ich war davon überzeugt, dass ich durch eine normale Lebensführung wieder ein normales Lebensgefühl erlangen könnte.

Deshalb nahm ich also meine Arbeit an der High School, die auch Nate besucht hatte, kaum zwei Wochen nach seinem Tod wieder auf. Früher war die Fahrt zur Schule, die wir beide ungestört zusammen zurückgelegt hatten, immer so vergnügt gewesen. Nun, da ich sie allein zurücklegen musste, empfand ich sie als furchtbar. Ich versuchte zwar, Kassetten zu hören, aber ich war nicht in der Lage, etwas aufzunehmen. Der Verkehr machte mich nervös, und mein Magen drehte sich jedes Mal um, wenn ich an dem Schrottplatz vorbeifuhr, auf dem Nates zertrümmerter Wagen stand.

Auch in der Schule zu sein, war für mich ein merkwürdiges Gefühl:

Ich wusste nicht mehr, was ich überhaupt dort sollte. Wenn ich in mein Büro ging, sah ich nur den Stuhl, auf dem Nate jeden Morgen gesessen hatte. Da die Lehrer immer zeitig in der Schule sein mussten, hatte Nate in der Regel vor Unterrichtsbeginn noch in meinem Büro gearbeitet. Wenn ich dann nach der Lehrerkonferenz durch die offene Tür in mein Zimmer schaute, sah ich, wie sich dieser schlaksige Junge gemütlich auf dem einen Stuhl fläzte, während seine Füße, Schuhgröße sechsundvierzig, auf einem anderen ruhten. Als ich nun meine Arbeit wieder aufnahm, ließ mich diese Szene, die mir noch heute lebhaft vor Augen steht, nicht los.

An meinem ersten Arbeitstag erfuhr ich auch noch, dass zwei meiner Schüler äußerst begehrte Stipendien erhalten hatten. Es handelte sich um genau die Stipendien, an denen ich am Tage von Nates Unfall mit so viel Begeisterung gearbeitet hatte. Daraufhin brach ich in haltloses Schluchzen aus. Zwei Wochen früher wäre ich äußerst erfreut darüber gewesen. Natürlich freute ich mich noch für meine Schüler. Aber ich war zugleich tieftraurig, dass ich, die ich Nates Tutorin gewesen war, nun nicht mehr die Gelegenheit haben würde, meinem eigenen Jungen zu helfen, ein Stipendium zu erhalten. Nachdem ich zwei Stunden vergeblich versucht hatte zu arbeiten, fuhr ich wieder nach Hause.

Manchmal versuchte ich auch, meine Gefühle schriftlich festzuhalten:

Der Nebel hat sich noch immer nicht gelichtet. Ich bewege mich, laufe und spreche zwar, aber es geschieht alles mechanisch. Ich bin völlig empfindungslos. Nur manchmal lichtet sich der Nebel, und mich durchströmen wieder Gefühle. Dann kann ich nur weinen. Es kommt mir vor, als ob ich immer weine, wenn ich ganz bei Bewusstsein bin und mich dann so gebe, wie ich bin, ohne jedes Wort und jeden Blick unter Kontrolle zu halten.

Wenn sich der Nebel für einen kurzen Moment lichtet, ist es, als ob ich einen Tritt in die Magengrube erhalten hätte. Während ich mit dem Schmerz kämpfe, habe ich nur einen

Gedanken: Nathan ist nicht mehr da. Nathan ist nicht mehr da! Wenn ich den Schmerz nicht länger ertragen kann, versinke ich wieder ins Unbestimmte, zurück in den Nebel.

Obwohl es mir gelang, während der nächsten zwei Jahre weiter zu arbeiten, verbesserte sich mein Befinden im Verlauf dieser Zeit nicht wesentlich. Oft war es mir, als wanke ich durch einen Traum. Es gelang mir einfach nicht, mich auf eine Sache länger als ein paar Minuten zu konzentrieren. Die außerschulischen Aktivitäten – Basketball, Geländelauf, Chor – verloren jegliche Bedeutung für mich. Alles erinnerte mich ständig an Nate: Stipendien, Schulabschluss, Eröffnungsspiele. Nachdem alle anderen innerhalb weniger Wochen wieder ihr normales Leben aufgenommen hatten, stellten Glen und ich schließlich fest, dass es für uns kein normales Leben mehr gab, das wir wieder aufnehmen konnten. Wir mussten zu einer neuen Normalität finden, einer Normalität ohne Nate.

Es muss der Öffentlichkeit unbedingt begreiflich gemacht werden, was eine seelische Erschütterung bedeutet und wie diese (insbesondere ein unerwarteter, traumatischer Verlust) einen Menschen verändern kann. Denn auch wenn wir, die wir eine solche seelische Erschütterung erlebt haben, nach außen hin einen ganz normalen Eindruck machen mögen, arbeitet doch unser Verstand, unter Umständen monate- oder jahrelang, nicht normal. Als ich z. B. einer jungen Mutter, die gerade ein sechs Wochen altes Kind verloren hatte, erzählte, dass ich manchmal einen Gedanken nicht einmal so lange im Kopf behalten könne, bis ich ihn niedergeschrieben hätte, rief sie aus:

„Gott sei Dank, dass Sie auch dieses Problem haben. Ich dachte schon, ich verlöre den Verstand!"

Meine Freundin Mary hat vor kurzem einen Schlaganfall

erlitten. Sie ist zwar nicht gelähmt, aber sie kann nur noch auf einem Auge sehen. Sie charakterisiert ihre Situation folgendermaßen: „Auch wenn andere mir nichts anmerken, habe ich doch innerlich das Gefühl, nicht mehr ich selbst zu sein. Ich fühle mich sehr unsicher und sehne mich nach Ermutigung. Aber weil man mir von außen nichts ansieht, merkt niemand, dass ich Hilfe brauche." Auch psychisch Leidende können nach außen hin unversehrt erscheinen, aber sich innerlich regelrecht zerstückelt fühlen.

So beeinträchtigt z. B. der emotionale Schmerz den normalen Ablauf der Gedanken. Eltern der „Compassionate Friends" haben berichtet, dass sie manchmal auf der Autobahn fahren und nicht mehr wissen, wohin sie fahren wollten. Andere, die eine Telefonnummer gewählt hatten, konnten sich nicht mehr erinnern, wessen Nummer sie überhaupt gewählt hatten, wenn der Teilnehmer sich meldete.

Viele, die einen geliebten Menschen verloren haben, schlagen plötzlich einen anderen Bildungsweg ein oder streben ein anderes Berufsziel an, weil sie jegliche Motivation verloren haben, auf dem alten Weg weiterzumachen. Diese Situation hält oft monatelang an; ja, es kann sogar Jahre dauern, bevor solch ein Mensch wieder in der Lage ist, ein geregeltes Leben zu führen.

Wenn Pastoren, Therapeuten und Freunde wissen, dass dies ganz normale Reaktionen sind, können sie einem Trauernden helfen, indem sie ihn ermutigen, nicht aufzugeben und eine Übergangslösung zu finden. Ein ausgedehnterer Urlaub oder eine längere Arbeitsbefreiung, ein freier Tag in der Woche oder vielleicht sogar Teilzeitarbeit können den unmittelbaren Druck lindern. Vor allem sollte bei dem Trauernden Verständnis dafür geweckt werden, damit er keine Schuldgefühle entwickelt, weil er nicht in der Lage ist, sich normal zu verhalten. Die Situation nach einem

Todesfall oder nach einer schweren Krise ist eben nicht normal, und es ist durchaus vernünftig, wenn man versucht, die Dinge einfacher zu gestalten, bis sich das Leben wieder konsolidiert hat.

Es ist nicht ungewöhnlich, dass Menschen, die sich in einer Krise befinden, sich wie in einem geistigen Gefängnis vorkommen. Selbst im Glauben gefestigte Christen haben unter Umständen nicht die seelische Kraft, ihre normalen christlichen Verhaltensweisen aufrechtzuerhalten.

Als Dick und Delores ihr einziges Kind, Robert, durch einen Autounfall verloren, hatten beide die erstaunliche Kraft, die Totenmesse zur höheren Ehre Gottes abzuhalten, und beeindruckten dadurch viele Menschen. Delores schränkt jedoch rückblickend ein:

„Nach Roberts Tod war ich drei Wochen lang nicht in der Lage, selbst zu beten, spürte jedoch die Kraft, die davon ausging, wenn andere für mich beteten. Nach diesen drei Wochen hatte ich dann einen besonders schlechten Tag, an dem ich einfach nicht mit meiner Situation fertig wurde. Da wurde mir bewusst, dass niemand mehr für mich betete. So hat Gott mir offenbart, dass ich mich von nun ab mit meinen Problemen unmittelbar an ihn wenden sollte."

Trauer nimmt bei jedem Menschen einen anderen Verlauf. Wichtig ist nur, dass man Trauer überhaupt bei sich zulässt. Niemand, der einen geliebten Menschen verloren hat, bekommt im Himmel eine besondere Auszeichnung dafür, dass er anschließend sein Leben gleich wieder genauso weiterfährt, als ob dieser Mensch nie existiert hätte. In der Regel ist es auch so, dass diejenigen Menschen ihren Verlust gut bewältigen, die zu ihrem Schmerz stehen, Zorn und Bitterkeit zulassen, sich durch diese Gefühle durchkämpfen und ihre Wunde langsam verheilen lassen.

Meine Freundin Barbara hat zweimal einen schweren Verlust erlitten und dabei erkannt, wie wichtig es ist, Trauer zu durchleben:

Als unser Sohn zum errechneten Termin tot geboren wurde, wohnten wir in einem abgelegenen Haus weit draußen auf dem Lande. Wir waren noch recht neu in der Gemeinde und hatten noch keine festen Wurzeln geschlagen, obwohl wir gelegentlich zur Kirche gingen. Allerdings hatte die Kirche auch keinen Pastor. Unser Sohn wurde in demselben Krankenhaus und auf derselben Station geboren, auf der ich noch einige Wochen zuvor als Schwester gearbeitet hatte. Die Schwestern waren also meine Kolleginnen. Eine Frau aus unserer Gemeinde, die am gleichen Tag niederkam, lag mit ihrem gesunden Baby auf der anderen Seite des Flures. Von unseren Angehörigen lebte niemand in der Nähe. Wenn ich heute zurückblicke, wird mir bewusst, dass ich damals immer noch die Rolle der Krankenschwester spielte – ich war besorgt um die Gefühle anderer, aber unterdrückte meine eigenen. Ich half dem Personal sogar bei der Aufnahme der Fieberkurven, und so glaubten alle, mir ginge es „einfach großartig". Niemand besuchte uns, und so waren mein Mann und der Leichenbestatter die einzigen, die an der Beerdigung teilnahmen. Meine Tränen (und es waren viele) hielt ich zurück, bis die Tür geschlossen und ich ungestört war – z.B. nachts, wenn nur wenig Personal auf der Station Dienst tat und alle dachten, ich schliefe.
Weder meine noch die Familie meines Mannes hat unseren Verlust je erwähnt. Es war, als ob ich nie ein Kind bekommen hätte. Obwohl mein Mann mir gegenüber zunächst äußerst fröhlich und freundlich war, hatte auch er nach einigen Wochen das Gefühl, dass es an der Zeit sei, wieder

ein normales Leben zu führen. Die Folge davon war, dass meine Wunde niemals richtig verheilen konnte.

Erst dreiundzwanzig Jahre später wurde mir völlig klar, was es mit der Trauer für eine Bewandtnis hat. Wir hatten unser gesamtes Hab und Gut, selbst unseren Hund, in einer großen Feuersbrunst verloren, die allgemein als Katastrophe angesehen wurde. Da viele unserer Freunde ebenfalls ihr Heim verloren oder doch beinahe verloren hatten, war es den Menschen ein Bedürfnis, sich auszusprechen. Wir erhielten Anrufe aus den ganzen Vereinigten Staaten, und viele Freunde kamen zu Besuch, um die ganze Geschichte zu erfahren. Zuerst weinte ich viel, wenn ich erzählen musste, aber dann fiel es mir immer leichter. Und es dauerte nicht lange, da stellte ich fest, dass diese Wunden gut verheilt waren. Es hatte gut getan zu weinen.

Nun wurde mir auch klar, warum die alte Wunde von damals nicht verheilt war: Niemand hatte uns mit Fragen verletzen wollen. Es ist einfach zu schwierig, von dem Betroffenen zu verlangen, alles zu erzählen, wenn man sieht, wie sehr er sich damit quält. Aber Erzählen spielt eine wichtige Rolle, wenn eine Wunde heilen soll.

Ganz offensichtlich fällt es den Menschen leichter, nach materiellen Dingen zu fragen, wie z. B. bei einer Brandkatastrophe, als nach dem Verlust eines Menschen. Den Verlust meines Kindes habe ich daher immer noch nicht verwunden.

Das Zimmer des Verstorbenen auszuräumen und seine Sachen zu verteilen, ist für manche Menschen ein weiterer schwieriger Schritt in der Phase der Heilung. Wenn es auch keinen Zeitpunkt gibt, der dafür am besten geeignet ist, so kann ich Ihnen doch immerhin sagen, wodurch mir diese Phase erträglich wurde.

Wie bereits im ersten Kapitel erwähnt, räumten wohl-meinende Freunde bereits am ersten Tag nach Jimmys Tod in meiner Abwesenheit und ohne mein Wissen oder meine Zustimmung alles aus unserem Haus, was an ihn erinner-te. Als ich nach Hause kam und entdeckte, dass sein Zim-mer leer war, packte mich der Zorn. Dennoch brachte ich es fertig, meine Gefühle für mich zu behalten, weil ich erkannte, dass meine Freunde nicht die Absicht hatten, mich zu verletzen. Aber ich spürte, dass sie durch ihre Handlungsweise die Grenze des Sinnvollen überschritten hatten. Denn es wäre für mich als Teil meiner Trauerarbeit unbedingt notwendig gewesen, mich um Jimmys Sachen kümmern zu können. Und es wäre weiterhin nötig gewe-sen, dass ich dies zu einem Zeitpunkt hätte tun können, der mir persönlich angebracht erschien.

Als Nate gestorben war, wusste ich gleich am nächsten Morgen, dass seine neuen Turnschuhe und seine Golfschlä-ger für seinen Schwager Mike sein sollten. Seine Freundin Sheila bekam einen ausgestopften Musikhund aus seiner Kinderzeit und Matt seinen goldenen Schlüsselring mit seinem Monogramm, nachdem wir die Inschrift „Für ei-nen prima Bruder" extra für Matt hatten eingravieren las-sen.

Ein paar Wochen später bat ich einige von Nates besten Freunden zu uns, damit sie sich nach Belieben Sachen aus seinem Kleiderschrank aussuchen konnten. Einiges schenkte ich dem Sohn meiner Cousine. Die restlichen Sachen schickte ich an Goodwill. Nur Nates Trainingsanzug und einen Cowboyanzug, den ich selbst für ihn genäht hatte, als er acht Jahre alt war, behielt ich – sie sind für unsere zukünftigen Enkel.

Es dauerte mehrere Monate, bevor ich seelisch in der Lage war, seine Schubladen, seinen Schreibtisch und seine

Notizbücher zu sichten ... Als es soweit war, bat ich Mellyn, den Tag mit mir zu verbringen und mir bei diesem schmerzlichen Unterfangen behilflich zu sein. Wie oder wann Sie diese schwierige Aufgabe bewältigen, bleibt Ihnen selbst überlassen. Aber ich möchte Ihnen raten, es nicht allein zu tun. Suchen Sie sich jemanden, der nicht nur Ihre Trauer teilt, sondern sich auch gemeinsam mit Ihnen erinnert und mit Ihnen weint.

Da Sie als Freund eines Trauernden vielleicht eher als er selbst in der Lage sind, seelische Belastungen zu erkennen, sollten Sie ihm zu verstehen geben, dass Sie nichts dagegen haben, wenn er meint, es sei genug. Denn dies bedeutet kein Eingeständnis einer Niederlage; es bedeutet nur, dass man seinen gesunden Menschenverstand gebraucht. Oft ist der Trauernde selbst nicht fähig, sich so weit von der Situation zu lösen, dass er erkennen kann, wann er sich zu viel zumutet.

So löste mein Sohn Matt damals ein Problem auf eine Weise, die ich zwar zur damaligen Zeit nicht zu schätzen wusste, die aber im Grunde meinen Bedürfnissen entgegenkam. Er hatte festgestellt, dass mir bestimmte Telefonanrufe Schwierigkeiten bereiteten, etwa der einer Dame, die nur anrief, um mir zu erzählen, was für ein netter Mensch der betrunkene Fahrer sei und wie sehr er Kinder mochte, oder der des Agenten der Kreditgesellschaft, der dafür sorgen wollte, dass wir auch die letzte Ratenzahlung für unseren völlig zerstörten Toyota entrichteten, sich aber nie dazu bequemte, uns sein Beileid auszudrücken. Deshalb kaufte Matt mir einen Anrufbeantworter.

Früher habe ich solche Dinge immer verabscheut, weil ich mich jedes Mal ärgerte, wenn ich jemanden anrief und mir nur ein Apparat antwortete.

Trotz dieser Abneigung war mir jedoch klar, dass Matt

richtig gehandelt hatte. Denn es gab damals Tage, an denen es mir nicht möglich war, ein Telefongespräch zu führen. Außerdem war es mir nicht nur unangenehm, mit den anderen betroffenen Familien zu sprechen, sondern auch mit den Menschen, die sich mit den rechtlichen Angelegenheiten befassten. So entschloss ich mich also, den Anrufbeantworter auszuprobieren. Allein zu wissen, wer angerufen hatte, bevor ich entschied, ob ich ans Telefon ging oder nicht, war dann schon eine große Erleichterung für mich. Matt half mir also in einer Situation, in der ich mir offensichtlich selbst nicht helfen konnte, weil ich mich verpflichtet fühlte, für andere immer verfügbar zu sein.

Wenn Sie als Trauernder versuchen, selbst etwas zu unternehmen, um sich zu helfen, brauchen Sie zwar viel Kraft, aber es ist der Mühe wert. Ob Ihre neue Aktivität nun aus Reisen, dem Beitritt zu einer Interessengemeinschaft oder dem Beginn eines Projektes besteht – sie wird Sie wieder in den Sog des Lebens hineinziehen. Wenngleich der Schmerz dadurch nicht schwindet, so wird er doch langsam erträglicher werden.

Es ist wichtig, zu wissen, dass sich Trauernde tage- oder gar monatelang in einem Schock befinden können. Sie müssen trauern, und es kann sein, dass sie Schwierigkeiten in Beruf und Familie bekommen. So können wir uns alle die Rose des Verständnisses erwerben, indem wir die Trauernden beobachten, ihnen zuhören und unser Verhalten auf unsere Beobachtungen ausrichten.

Die Interessen und Aktivitäten, die einem Trauernden helfen, mit seinem Schmerz fertig zu werden, mögen anderen merkwürdig erscheinen, aber ich bin der Meinung, dass dieser ziemlich ungewöhnliche Dinge tun und sich trotzdem immer noch im Bereich des „Normalen" bewegen kann. Einige von Ihnen werden natürlich nun fragen:

„Wie kann man denn beurteilen, ob das Verhalten eines Menschen noch im Bereich des ‚Normalen' liegt?" Da ich weder Arzt noch Psychologe bin, kann ich Ihnen nur die Beobachtungen eines Laien mitteilen, der sehr viel gelitten und mit vielen leidenden Menschen gesprochen hat.

Wenn jemand sich weigert, den Tod eines anderen zu akzeptieren, ständig von der Vergangenheit spricht oder Vergangenheit und Gegenwart durcheinanderbringt, dann glaube ich, dass er fachmännische Hilfe braucht. Auch wenn er sich zurückzieht, sehr depressiv wird oder sogar ganz offen von Selbstmord spricht, ist es an der Zeit, dass er einen Therapeuten aufsucht. Ich sträube mich allerdings dagegen, die Trauer zeitlich einzugrenzen, weil der Prozess der Heilung bei jedem Menschen unterschiedlich lange dauert. Sie sollten allerdings zumindest eine stetige Besserung feststellen, selbst wenn diese langsamer vonstatten geht, als Ihnen lieb ist. Solange es sich um einen kontinuierlichen Prozess handelt, brauchen Sie sich keine Sorgen zu machen. Allerdings ließe sich die Heilung beschleunigen, wenn der Betroffene einen Psychologen aufsuchen oder sich einer Selbsthilfegruppe anschließen würde.

Christen haben in der Regel das Gefühl, dass sie eigentlich keine psychische Hilfe nötig haben sollten, und zögern daher oft, einen Therapeuten aufzusuchen, selbst wenn dies genau das Richtige für sie wäre.

Wenn man einen Therapeuten zu Rate zieht, ist es wichtig, ihn aufgrund von Empfehlungen sorgfältig auszuwählen. Wenn Sie selbst der Trauernde sind, sollten Sie daher, bevor Sie einen Termin ausmachen, zunächst ein Beratungszentrum anrufen und sich erkundigen, ob es dort Therapeuten gibt, die sich speziell mit Trauertherapie befassen.

Glen und ich haben allerdings keinen Therapeuten aufgesucht, sondern sehr viel Hilfe bei den „Compassionate

Friends" gefunden, einer Selbsthilfegruppe von Eltern, die ihre Kinder verloren haben. In einem ihrer letzten Rundschreiben war die folgende Erklärung zu lesen:

Das Leid, das wir als Eltern verstorbener Kinder durchmachen, ist absolut einmalig. Nicht einmal andere Eltern, die ebenfalls ein Kind verloren haben, können dieses Leid nachvollziehen. Da nämlich jeder von uns ein Individuum ist, trauert jeder auch auf seine ganz persönliche Weise. Was wir alle aber gemeinsam haben, ist der Verlust eines Menschen. Und dieser Verlust, ungeachtet dessen, wie er zustande gekommen ist, geht über unsere Kraft. Aber wenn wir uns miteinander treffen, können wir unser Leid gemeinsam tragen und so zu der Erkenntnis kommen, dass wir nicht allein sind. Bei unseren Treffen lernen wir andere Eltern kennen, deren Kinder durch ähnliche Umstände umgekommen sind. Dies wird zwar unseren Schmerz nicht aus der Welt schaffen, aber eine Hilfe zur Selbsthilfe sein.

In vielen Gegenden gibt es Selbsthilfegruppen für Menschen, die alle einen Verlust erlitten haben: für Witwen, Witwer, Angehörige von Selbstmördern und Eltern, deren Kind durch den plötzlichen Kindstod umgekommen ist. Falls in Ihrer Umgebung keine derartigen Gruppen existieren, haben Sie vielleicht den Wunsch, eine solche ins Leben zu rufen. Erkundigen Sie sich in diesem Fall daher bei Ihrem Pfarrer oder bei Ihrem Beerdigungsinstitut nach Menschen, die vor nicht allzu langer Zeit Ähnliches durchgemacht haben wie Sie. Rufen Sie diese an, laden Sie sie zum Essen ein oder verabreden Sie sich mit ihnen bei sich zu Hause zum Kaffee. Sie werden sehr wahrscheinlich Trost darin finden, Ihre Erfahrungen und Gefühle miteinander austauschen zu können. Und Sie werden sich einfach durch die Erkenntnis gestärkt fühlen, dass Sie einem Leidensgenossen helfen konnten.

Wenn Sie den Tod eines Ihnen sehr nahestehenden Menschen, eine Scheidung oder einen anderen einschneidenden seelischen Schock erlitten haben, machen Sie sich bitte klar, dass sich nicht nur Ihr Verstand, sondern auch Ihr Körper und Ihre Gefühle erst auf diese Veränderung einstellen müssen. Lesen Sie sachdienliche Bücher, teilen Sie anderen Ihre Gefühle mit, richten Sie Ihr Leben so ein, dass Sie weniger Belastungen haben, und bitten Sie Gott darum, dass Sie wertvolle Wahrheiten so erfahren, dass Sie anderen mitteilbar sind, damit auch Sie eine schöne Rose des Verständnisses für die Menschen um Sie herum sein können.

Die Rose der Unschuld

Wer in einem Menschen das kindliche Vertrauen zu mir
zerstört, der käme noch gut weg, wenn man ihn mit einem
Mühlstein um den Hals ins Meer werfen würde.
(Matthäus 18,6)

Wenn wir Erwachsenen in eine Krise geraten, neigen wir
dazu, so stark mit unserem Kummer beschäftigt zu sein,
dass wir die Kinder oft in die Obhut eines guten Freundes
oder Verwandten geben, bis „sich alles wieder normalisiert
hat". Aber unabhängig davon, ob die Kinder an der Beerdigung teilnehmen oder nicht, ist es auf jeden Fall wichtig, dass jemand da ist, der sich um sie kümmert und ihre
Fragen beantwortet.

Als unser Jimmy 1964 dem Kindstod erlag, war unsere
Tochter Mellyn noch nicht ganz drei Jahre alt. Jimmys
Bettchen befand sich in ihrem Zimmer. Nachdem Glen
hineingegangen war, um nach den Kindern zu sehen, und
entdeckt hatte, dass der Kleine tot war, widmeten wir unsere Aufmerksamkeit für die nächsten Minuten ausschließ-
lich Jimmy. Erst nach einiger Zeit merkte ich, dass Mellyn
noch immer im Zimmer war und sich in ihrem Bett gegen
die Wand gekauert hatte. Ihre ersten Worte waren: „Ich
habe Jimmy nichts getan." Ich versicherte ihr, ich wisse,
dass sie nichts Verkehrtes getan habe, und erzählte ihr, dass
ein Engel Jimmy zu Jesus in den Himmel geholt habe.

Monate später wachte ich nachts auf, weil ich spürte,
wie eine kleine Hand über mein Gesicht strich. Es war
Mellyn. Als sie sah, dass ich mich bewegte, machte sie einen sehr erleichterten Eindruck und sagte: „Ich wollte nur
sehen, ob Gott dich auch zu sich genommen hat." Worte,

die ich als tröstend empfand, hatten also eine Dreijährige verwirrt.

Nach Jimmys Tod sprach Mellyn nicht nur wieder in der Babysprache, sondern nahm auch aufs Neue viele Verhaltensweisen eines Kleinkindes an. So kletterte sie z. B. oft auf meinen Schoß und sagte:

„Ich bin jetzt dein Baby." Es hat zwei oder drei Jahre gedauert, bis wir das Gefühl hatten, dass Mellyn wieder ausgeglichen und glücklich war.

Mein Bruder war erst zwei Jahre alt, als seine Eltern starben und meine Eltern ihn adoptierten. Obwohl er sich eigentlich weder an seine leiblichen Eltern noch an die Umstände der Tragödie erinnern konnte, schrie er noch viele Monate später danach angstvoll auf, wenn meine Mutter ihn bei jemand anderem ließ. Denn auch wenn er sich vielleicht nicht an den Vorfall selbst erinnern konnte, so aber doch ganz bestimmt an die Angst, die er empfunden hatte, als sein Vati und seine Mutti ihn verließen und niemals zurückkehrten.

Die Organisation „Mütter gegen Trunkenheit am Steuer" schreibt zu diesem Problem:

Ein zweijähriges Kind kann den Verlust eines Menschen spüren und unter den Gefühlen leiden, die mit einem solchen Verlust einhergehen, aber es kann nicht verstehen, was der Tod ist. Das Kind wird zwar das Leid und die Unruhe seiner Umgebung empfinden und das Bedürfnis nach körperlicher Zuwendung haben, aber es versteht die damit zusammenhängenden Erklärungen noch nicht. Ein Kind in diesem Alter kann nur verstehen, ob jemand anwesend oder abwesend ist.

Für ein zweijähriges Kind ist das, was man tut, weitaus wichtiger als das, was man sagt. Im Allgemeinen kann man daher mit viel liebevoller Zuwendung – in den Arm nehmen, Liebkosen und Streicheln – am besten auf das Kind eingehen. Ein Kind zwischen vier und sechs Jahren spricht unter Umständen über den Tod eines Menschen genauso sachlich wie über den Tod eines Tieres. Dies kann die Erwachsenen im Umfeld des Kindes unter Umständen irritieren und zu Reaktionen verleiten, die für das Kind verwirrend sind. Weinen wird das Kind wahrscheinlich mehr aus Verwirrung über das Verhalten von Trauernden als über den Tod selbst.

Sieben- bis Achtjährige entwickeln normalerweise deshalb Angst vor dem Tod, weil ihnen in diesem Alter dessen Existenz zum ersten Mal wirklich bewusst wird ... Diesbezügliche Fragen können somit auch auf Ängste vor ihrem eigenen Tod hinweisen. Der Tod kann jetzt als lebensberaubende Bedrohung empfunden werden. Obwohl Kinder dieser Altersgruppe bereits in der Lage sind, die Endgültigkeit des Todes einzusehen, treffen auf sie im emotionalen Bereich immer noch viele Faktoren aus dem frühkindlichen Stadium zu. Es ist daher wichtig, dass diese Kinder Trauer, Zorn, Angst und Schuldgefühle zur Sprache bringen können.

Mellyn war fünf, als Ethan starb. Damals fragte ich mich sehr besorgt, wie sie wohl reagieren würde, da sie ja Jimmys Tod nur schwer verkraftet hatte. Aber ihre Reaktion war für uns alle überraschend. Als wir ihr von Ethans Tod erzählten, meinte sie: „Schon gut, ich hab' ja immer noch Nathan!"

Als meine Großmutter nur zwei Monate später starb, hörte Mellyn mich sagen, wie traurig ich darüber sei, dass Großmama Nathan nie gesehen habe.

Daraufhin fragte sie: „Ist Großmama im Himmel?"

Als ich dies bejahte, schloss sie: „Na, Ethan und Nathan

waren doch eineiige Zwillinge. Dann sieht er doch genauso aus wie Nate. Wenn Großmama im Himmel ist, sieht sie doch Ethan, und dann weiß sie auch, wie Nate aussieht."

Nachdem sie sich ein paar Minuten mit ihren Spielsachen beschäftigt hatte, folgte die Frage: „Hast du noch eine andere Großmama im Himmel?"

Ich erwiderte: „Ja, meine Großmama Empey."

Mit der wundervoll unschuldigen Einfalt eines kleinen Kindes meinte Mellyn daraufhin: „Sie kann dann Jimmy haben."

Durch Mellyns Bemerkung sah ich vor meinem geistigen Auge zwei Großmütter, die ihr Enkelkind im Himmel wiegten.

Ich persönlich bin der Meinung, dass es für Kinder gut ist, so viel Erfahrung mit dem Leid zu sammeln, wie sie problemlos verkraften können. Diese Erfahrung sollte ihnen allerdings nicht aufgezwungen werden. Eine Familie aus meinem Bekanntenkreis hat z. B. im vergangenen Jahr drei Todesfälle im engsten Familienkreis erlebt. Nach dem dritten Todesfall sagte die Zehnjährige der Familie: „Ich mag nicht zu noch einer Beerdigung gehen." Und die Eltern trafen die kluge Entscheidung, sie zu Hause zu lassen.

Wenn ein Kind stirbt, kann es sein, dass seine Geschwister Schuldgefühle haben, weil Gott nicht sie, sondern den Bruder oder die Schwester zu sich genommen hat, da aus ihrer Perspektive das verstorbene Kind das Intelligentere oder Hübschere war oder Vater oder Mutter es lieber mochten.

Ein jüngeres Kind versucht möglicherweise nach dem Tod eines älteren Kindes dessen Stellung einzunehmen, indem es dessen Verantwortung übernimmt, in dessen Zimmer zieht oder dessen Kleider trägt. Eltern müssen diesem

Kind versichern, dass sie es gern haben, so wie es ist, und es nicht die Schwester oder den Bruder zu kopieren braucht.

Es kann auch vorkommen, dass sich junge Menschen grundlos für den Tod eines Geschwisterkindes verantwortlich fühlen. So habe ich z.B. einen jungen Mann kennen gelernt, dessen Schwester Selbstmord begangen hatte. Nach einem vorangegangenen Selbstmordversuch der Schwester hatte sich der Bruder vorgenommen, sie nicht mehr allein zu lassen und sie zu beobachten, damit sie nie wieder einen derartigen Versuch machen könne. Als er sich jedoch eines Tages aus einem triftigen Grund außer Haus begeben musste, nahm die Schwester die Gelegenheit wahr, um sich das Leben zu nehmen. Mein junger Freund machte sich danach große Selbstvorwürfe:

„Wenn ich sie mitgenommen hätte, wäre das nicht passiert."

Die Beteuerungen der Eltern, dass er keine Schuld an ihrem Tod habe, genügten in diesem Fall nicht. Der Junge brauchte die Perspektive eines Außenstehenden, der ihm dabei half, seinen Kummer zu verarbeiten und sich selbst zu vergeben. Erst danach konnte er erkennen, dass der Tod seiner Schwester nicht sein Verschulden war.

Manchmal zeigt das zurückgebliebene Kind auch Zorn, weil sein Leben gestört worden ist oder sich die gesamte Aufmerksamkeit allem Anschein nach auf den Toten konzentriert. Möglicherweise braucht es auch Hilfe, um seine eigene Bedeutung richtig einschätzen zu lernen. Außerdem müssen wir mit unseren Äußerungen über das verstorbene Kind vorsichtig sein. Denn es kann sein, dass wir dazu neigen, nur über seine guten Eigenschaften zu sprechen und vor seinen Fehlern die Augen verschließen. Dadurch können die übrigen Geschwister Minderwertigkeitsgefühle entwickeln und den Eindruck gewinnen, weniger wichtig zu sein als das verstorbene Kind. Die Einsicht, dass dieses Problem potentiell besteht, kann uns helfen, es zu vermeiden.

Als meine Tante und mein Onkel im Feuer umkamen, war ich zwölf Jahre alt, und meine Eltern erwogen, mich der Obhut einer Kinderfrau zu überlassen, während sie ins Krankenhaus im nördlichen Michigan fuhren. Aber ich bat sie, mich mitzunehmen, denn ich wollte in dieser Situation nicht von meiner Familie getrennt sein. Wenn uns Schlimmes bevorstand, wollte ich es mit ihnen gemeinsam durchstehen.

Nachdem wir spät abends im Motel angekommen waren, teilte uns mein Großvater Einzelheiten über den Unfall mit. Anschließend brachte er meine Eltern ins Krankenhaus, und ich kroch zu Großmama ins Bett. Mitten in der Nacht kam Großpapa zu uns ins Zimmer herein und sagte: „Louie ist tot." Ich kann heute immer noch lebhaft spüren, wie Großmamas Tränen auf mich herabfielen und sie mich heftig an sich presste, während wir auf der Bettkante saßen.

Am nächsten Morgen fuhren wir in aller Frühe ins Krankenhaus, um bei meiner Tante Lucille zu sein. Alle durften in ihr Zimmer, nur ich nicht, weil ich noch zu jung war. So saß ich die meiste Zeit des Tages allein im Warteraum. Allerdings kam mein Vater oft zu mir herein, um mir über ihr Befinden zu berichten. Einer der Berichte lautete z. B.: „Lucille ist jetzt bewusstlos; sie wird wahrscheinlich nicht mehr lange leben." Lucille starb noch im Lauf jenes Nachmittags.

Als meine Familie zu Lucilles Kindern auf die Station für Brandwunden gehen wollte, meinte der Arzt, dass ich nicht mitdürfe. Daraufhin fragte ich weinend: „Liegen sie denn auch im Sterben?" Meine Mutter überzeugte den Arzt schließlich davon, dass ich die Kinder sehen müsse, um mich zu vergewissern, dass sie alle wohlauf waren. Als man mich mit den Kindern sprechen ließ, war meine Angst wie weggeblasen. Meinen Eltern bin ich nicht nur dankbar für ihre Ehrlichkeit, sondern auch dafür, dass sie spürten, wie wichtig es für meine seelische Verfassung war, die Kinder zu sehen.

In der Woche der Beerdigung kamen dann zwar viele Leute zu uns, um mit meiner Mutter und meinem Vater zu sprechen, aber ich erinnere mich nicht daran, dass irgendjemand auf mich eingegangen wäre. Als ich dann wieder in die Schule ging, kam meine Lehrerin auf mich zu, nahm mich in den Arm und fragte mich, wie es mir gehe. Da stürzten mir die Tränen aus den Augen, und ich weinte in ihren Armen. Dadurch fühlte ich mich schließlich so befreit, dass ich in der Lage war, über meinen Schmerz zu sprechen.

Von ähnlichen Erfahrungen berichtete ein hinterbliebenes Geschwisterkind, das zu den Treffen der „Compassionate Friends" kam: „Dies ist das erste Mal, dass mich jemand fragt: ‚Und was hast du durchgemacht?' Endlich gesteht mir jemand zu, dass nicht nur meine Eltern den Tod meines Bruders erlebt haben, sondern auch ich."

Nehmen Sie sich also die Zeit, in einer Familie, die einen Todesfall erlebt hat, die Kinder aufzusuchen. Wenn diese nicht sprechen wollen, dann spielen Sie einfach mit ihnen, lesen aus einem Buch vor oder sehen sich gemeinsam mit ihnen eine Fernsehsendung an, die sie mögen. Denn Kinder meinen oft, sie seien böse, wenn ihnen Schlimmes widerfährt. Als Freund oder Familienangehöriger können Sie ihnen also helfen, ihr Selbstwertgefühl zu erhalten, indem Sie sich ihnen widmen, sie in den Arm nehmen und ihre Fähigkeiten loben.

Auch die Beibehaltung des normalen Lebensrhythmus wird helfen, den Kindern ein Gefühl der Sicherheit zu vermitteln. Der Vater einer Freundin z.B. fiel im Krieg, als sie sieben Jahre alt war. In ihrer Erinnerung ist die Geburtstagsfeier, die ihre Mutter nur zwei Tage nach dem Tod des Vaters für sie vorbereitete, eine der schönsten Feiern, die sie jemals erlebt hat. Ich bin sicher, dass ihrer Mutter diese Geburtstagsfeier zwar sehr schwer gefallen ist, dafür aber dem kleinen Mädchen das Gefühl gegeben hat, dass es immer noch Traditionen und Menschen gab, auf die man sich verlassen konnte. Außerdem erinnert sie sich noch daran, wie traurig sie als junges Mädchen immer wurde, wenn sie sah, wie andere Mädchen von ihren Vätern geküsst wurden. Ihren beiden Brüdern ist sie daher dankbar, dass sie ihr viel Aufmerksamkeit geschenkt und sie oft in den Arm genommen haben.

Für einen Jungen, dessen Vater gestorben ist, ist es wichtig, dass ihn ein Mann oder eine andere Bezugsperson zu einem Ballspiel mitnimmt oder auf der Tribüne sitzt und ihn anfeuert, wenn er in der Schulmannschaft spielt. Dies ist für ihn die Bestätigung, dass er geliebt wird.

Das Programm einer Versammlung der „Compassionate Friends", die erst vor kurzem stattfand, umfasste auch eine Podiumsdiskussion mit hinterbliebenen Geschwistern. Die von den jungen Leuten am meisten geäußerte Klage bezog sich darauf, dass ihre Eltern seit dem Tod der Schwester oder des Bruders überängstlich geworden waren. Wenn die Angst der Eltern auch verständlich ist, so ist es doch ganz wichtig, den hinterbliebenen Kindern die Freiheit zu einem normalen Leben zuzugestehen. Sie sollten den Kindern gegenüber zumindest ehrlich sein: „Da dein Bruder bei einem Autounfall ums Leben gekommen ist, habe ich Angst, dir das Auto zu geben. Es beruhigt mich auf jeden

Fall sehr, wenn du dir alle Mühe gibst, rechtzeitig zu Hause zu sein, und mich immer anrufst, wenn du aufgehalten wirst."

Im vergangenen Sommer hatten wir für zwei Wochen ein zehnjähriges Mädchen bei uns zu Besuch. Eines Abends unternahm sie mit ein paar Freundinnen eine Fahrradtour. Während sie weg waren, hörten wir mehrere Male in unserer Gegend Sirenen. Dies machte mich so nervös, dass ich den Tränen nahe war, als die Mädchen schließlich zurückkehrten. Ich erzählte unserem Gast, dass diese Sirenen in mir die Erinnerung an die Sirenen in Nates Todesnacht wachgerufen hatten und mir deshalb wohler zumute wäre, wenn Glen oder ich sie auf ihren Radtouren begleiten könnten, selbst wenn ihr mein Verhalten komisch erschiene. Als sie meine Beweggründe verstanden hatte, akzeptierte sie meine Bitte ganz bereitwillig.

Sie werden natürlich einige Zeit brauchen, um Ihre Ängste überwinden und Ihren Kindern so viel Freiraum geben zu können, dass diese Freude am Leben haben. Aber wenn Sie ehrlich dabei sind, werden Ihre Kinder wahrscheinlich eher zur Zusammenarbeit bereit sein.

Jugendliche haben es unter Umständen besonders schwer, mit dem Tod eines ihnen nahestehenden Menschen fertig zu werden, da ihr Schmerz von Erwachsenen oft mit dem Hinweis auf ihre Jugend nicht ernst genommen wird. Aber auch junge Menschen sind alt genug, um tiefe Trauer empfinden zu können, und haben auch ein Gefühl für den Schmerz anderer. Während ich um Nathan trauerte, konnte ich z.B. feststellen, dass die Jugendlichen, denen ich meine Gefühle mitteilte, ein viel größeres Einfühlungsvermögen hatten als viele Erwachsene. Die jungen Menschen in Nates Schule hatten keine Angst, ihre Trauer zu zeigen. Und sie waren es auch, die daran dachten, mir die Rosen bei der

Abschlussfeier zu schenken und die Dias vorzuführen. Sie wagten es, offen zu sagen, wie sehr sie Nathan mochten und wie sehr sie ihn vermissten. Ich habe oft Briefe wie diese erhalten:

Ich wollte mir nur eben die Zeit nehmen, um Ihnen zu sagen, dass ich immer noch an Sie denke und für Sie bete. Ich hoffe, dass ich Ihnen Ihre Tage etwas erleichtere, indem ich Ihnen zulächele oder Sie frage, wie es Ihnen geht. Lassen Sie mich bitte wissen, wenn Sie jemanden brauchen, mit dem Sie sprechen möchten oder der etwas für Sie tun kann.

Mickey

Wenn ich Sie auf dem Flur sehe, spüre ich, dass Sie eine sehr schwere Zeit durchmachen. Und ich möchte Ihnen sagen, dass ich gerne alles Erdenkliche für Sie tun würde, um Ihren Schmerz zu lindern. Wenn ich sehe, wie Sie leiden, schmerzt es auch mich innerlich so sehr, dass ich es kaum ertragen kann. Ich kann jetzt wahrhaftig 1. Korinther 12,26 verstehen, wo es über den Leib Christi heißt: Wenn darum ein Glied leidet, leiden alle Glieder mit; wenn ein Glied geehrt wird, freuen sich alle anderen mit ihm. Wir alle leiden mit Ihnen, Mrs. Heavilin!

Natalie

An Nates erstem Todestag erhielt ich diesen Brief von einem meiner ehemaligen Schüler:

Ich wollte Ihnen nur mitteilen, dass ich heute an Sie gedacht habe. Ich weiß, dass dies ein schwerer Tag für Sie sein muss. Nathan war für uns alle etwas ganz Besonderes, und obwohl ich ihn sehr vermisse, bin ich mir sicher, dass ich

wohl nicht annähernd nachempfinden kann, wie sehr Sie
ihn geliebt haben und welch widerstreitende Gefühle Sie
momentan ganz bestimmt bedrängen. Ich bete nur, dass
Gott Sie auch weiterhin mit der ehrfurchtgebietenden Tat-
sache tröstet, dass Nathan von uns allen zuerst zu Hause ist.

Andy

Wenn junge Menschen versuchen, ihren Schmerz zum
Ausdruck zu bringen, dann sollten wir diesen Versuchen
nicht mit Ablehnung begegnen. Manchmal können wir
ihnen auch helfen, ihre Gefühle auszudrücken, vielleicht
folgendermaßen: „Wenn ein älterer Bruder stirbt, kann es
sein, dass der jüngere Bruder sich einsam fühlt. Ja, es kann
sogar sein, dass er zornig auf seinen Bruder ist, weil dieser
ihn so plötzlich verlassen hat. Geht dir das auch so?"

Wenn es unseren Kindern allerdings unangenehm ist,
uns ihre Gefühle mitzuteilen, müssen wir ihnen dabei helfen, jemanden zu finden, mit dem sie sich aussprechen
können: einen Schulberater, einen Lehrer, einen Pastor, einen Sozialarbeiter, einen Therapeuten oder einen Gleich-
altrigen.

Suchen Sie Kontakt zu Kindern, die ein Familienmit-
glied verloren haben, widmen Sie sich ihnen, und versuchen Sie ihre Gefühle herauszufinden. Sie sind unschuldi-
ge, zarte Rosenknospen, die gütige, liebevolle Fürsorge brauchen. Seien Sie eine Rose, und helfen Sie den Kindern durch
diese schwierige, verwirrende Zeit.

Die Rose der Zärtlichkeit

Du, Herr, verschließ mir nicht dein Erbarmen, deine Huld
und Wahrheit mögen mich immer behüten! Denn Leiden
ohne Zahl umfangen mich, meine Sünden holen mich ein,
ich vermag nicht mehr aufzusehen. Zahlreicher sind sie als
die Haare auf meinem Kopf, der Mut hat mich verlassen.
(Psalm 40,12+13)

Nach Nates Tod sagten viele Menschen zu mir: „Du wirst
sehen, dass ihr euch durch diese Krise noch näher kommt."
Heute, nachdem wir mehrere Jahre lang Konflikte durchgestanden haben, glaube ich auch, dass wir uns näher gekommen sind. Zunächst war jedoch das Gegenteil der Fall.
Eine Krise hat bei vielen Ehepaaren zur Konsequenz, dass
sich die Partner auseinanderleben, weil dadurch beinahe
jede Seite ihrer Ehe, und sei sie auch noch so unbedeu-
tend, deutlicher hervortritt.

Joe, ein gesprächiger Vertreter, wollte uns ein Wohnmobil
verkaufen und erkundigte sich dabei leutselig nach unserer
Familie. Wir antworteten, dass wir zwei verheiratete Kinder hätten, und erzählten ihm dann auch von Nate.

Daraufhin begann er uns einige sehr sachkundige Fragen
zu stellen:

„Wie sind Sie mit Ihrer Trauer fertig geworden? Ihre Ehe
scheint ja in Ordnung zu sein. Wie haben Sie das geschafft?"

Dies veranlasste mich dazu, mich auch nach seinem
Schicksal zu erkundigen: „Joe, was haben Sie denn für eine
Geschichte? Ich habe das Gefühl, dass Sie einen sehr gro-
ßen Verlust erlitten haben."

Als er die Vergangenheit wieder aufleben ließ, füllten sich
seine Augen mit Tränen:

*Meine zweite Frau und ich waren gerade erst ein paar
Monate verheiratet, als mein Sohn aus erster Ehe an einem
Wochenende zu Besuch kam. Als er in der Nähe unseres
Hauses mit dem Fahrrad fuhr, wurde er von dem Wagen
eines betrunkenen Fahrers erfasst und tödlich verletzt.*

*Er war mein einziger Sohn. Als er starb, veränderte sich
mein Leben grundlegend. Das folgende Jahr verbrachte ich
damit, den Prozess wegen fahrlässiger Tötung zu verfolgen.
Alles andere hatte keine Bedeutung mehr für mich. Der
Fahrer bekam nur eine leichte Strafe, und der Zorn darüber verzehrte mich regelrecht.*

*Da meine zweite Frau meinen Sohn natürlich nicht gut
gekannt hatte, konnte sie meinen Schmerz nicht nachvollziehen. So hörten wir bald auf, miteinander zu reden, und
ich blieb so oft ich konnte von zu Hause weg. Ich gab mir
die Schuld am Tod meines Sohnes: Warum hatte ich ihn auf
dieser verkehrsreichen Straße Fahrrad fahren lassen? Es wäre
besser gewesen, wenn ich mit ihm gefahren wäre.*

*So wurde ich immer depressiver, und unsere Ehe wurde be-
reits nach einem Jahr aufgelöst.*

Joe warf einen vielsagenden Blick auf Glen und mich und
meinte dann: „Wenn Ihre Ehe den Tod von drei Söhnen
überstanden hat, dann ist sie wirklich etwas Besonderes!"

Joe hatte Recht. Es gibt heutzutage nur noch wenige
Ehen, die eine so starke Krise wie den Tod eines Kindes
überstehen.

Die „Compassionate Friends" geben an, dass sich zwischen 75 und 85 Prozent aller Ehepaare, die ein Kind verloren haben, innerhalb der ersten fünf Jahre nach dem Tod
des Kindes scheiden lassen.

Wollen Sie auch zu dieser Statistik beitragen? Das brauchen Sie nicht, wenn Sie bereit sind, daran mitzuarbeiten,

Ihre Ehe zu erhalten. Wir wollen uns einige Faktoren ansehen, die dazu führen können, dass eine Ehe scheitern kann.

Schuldbewusstsein. Es ist ganz natürlich, dass ein Mensch, mit oder ohne Grund, Schuld empfindet, wenn ein geliebter Mensch stirbt. Aber es hat zerstörerische Folgen für ihn, wenn sich dieses Schuldbewusstsein weiterfrisst und alles überwuchert. Daher müssen wir mit irgendeinem Menschen offen über unsere Gefühle sprechen.

Als Nate starb, war einer meiner ersten Gedanken: Warum habe ich ihn nicht zu dem Spiel begleitet? Der Unfall wäre nicht passiert, wenn ich dabeigewesen wäre.

Als ich schließlich Glen meine Gefühle anvertraute, war ich bereits sehr stark von meiner Schuld überzeugt. Um mir dabei zu helfen, meine Gefühle zu durchschauen, erwiderte Glen: „Und warum bist du nicht zu dem Spiel mitgefahren?"

„Tja, ich war schon bei dem am Dienstag mitgewesen und wollte noch zu dem Spiel am Freitag gehen. Außerdem hätte ich dann allein und mitten in der Nacht die achtzig Kilometer nach Hemet fahren müssen, was ich noch nie gemacht habe."

Glen ergänzte diese Überlegungen sehr logisch: „Selbst wenn du also gefahren wärst, hättest du wahrscheinlich nicht mit Nate im selben Wagen gesessen."

„Wahrscheinlich nicht", gab ich zu.

Glen fuhr fort: „Aber auch wenn du bei Nate im Wagen gesessen hättest – auf welche Weise hättest du den Unfall verhindern können?"

„Das weiß ich nicht. Aber man erwartet doch von Müttern, dass sie in der Lage sind, ihre Kinder zu beschützen!", schluchzte ich.

Glen half mir also in einer sehr liebevollen und rationalen Weise zu erkennen, wie unbegründet meine Schuldgefühle waren.

Schuldzuweisung. Obwohl es vielleicht nicht gerechtfertigt ist, weisen sich Ehepaare oft gegenseitig die Schuld am Tod eines Kindes zu. So mag z. B. ein Ehemann denken, wenn sie ihm nicht erlaubt hätte, im Vorgarten zu spielen, hätte er nicht auf die Straße rennen können, obwohl beide bei früheren Gelegenheiten dem Kind erlaubt hatten, im Vorgarten zu spielen. Unabhängig davon, ob der Ehemann überhaupt dazu berechtigt ist, seiner Frau die Schuld anzulasten, müssen diese Gefühle auf jeden Fall vorsichtig und einfühlsam aufgedeckt werden, damit sie besprochen und eliminiert werden können. Sonst kann sich ein Keil zwischen die Ehepartner schieben.

Kommunikationsmangel. Oft höre ich von Ehefrauen: „Er spricht überhaupt nicht mehr mit mir. Ich weiß nicht, was er denkt. Er isst und schläft zwar in unserem Haus, aber das ist auch alles. Wir sind uns fremd geworden." Der Schmerz eines Ehepartners kann so überwältigend sein, dass er es nicht wagt, über seine Gefühle zu sprechen, weil er fürchtet, sonst seine Fassung zu verlieren. Wenn man einen solchen Menschen dazu bringen will, sich zu öffnen, muss man ganz behutsam und geduldig vorgehen.

Verständnislosigkeit gegenüber sexuellen Bedürfnissen. Als Laura und Jim ihre Tochter verloren, waren sie beide am Boden zerstört. Doch ihre Reaktionen auf den Tod waren unterschiedlich. Bereits wenige Tage nachdem ihre Tochter gestorben war, sehnte sich Jim wieder nach sexuellen Beziehungen zu Laura. Während er emotionale Befreiung und die Bestätigung brauchte, dass sie ihn immer noch liebte, war Laura über seinen Wunsch verstimmt: „Wie kannst du nur an so etwas denken, wo wir gerade unsere Tochter begraben haben?"

Ehepaare, die kleine Kinder verloren haben, können genauso gegensätzliche Reaktionen zeigen. Zum Beispiel hörte ich einen jungen Vater sagen: „Ich glaube, wir sollten sofort wieder ein Kind bekommen." Seine Frau dagegen meinte: „Ich habe Angst, wieder schwanger zu werden, weil ich nie mehr jemanden so sehr lieben möchte."

Diese Reaktionen sind alle normal, aber sie können zu Konflikten führen, wenn sie nicht besprochen und genau untersucht werden. Denn eine Frau, die sich vor sexuellem Kontakt fürchtet, wird es in der Regel durchaus gerne haben, wenn man sie in den Arm nimmt und zärtlich zu ihr ist. Seien Sie daher sensibel für Ihre gegenseitigen Bedürfnisse, Sorgen und Ängste. Und lassen Sie dem anderen Zeit, seine Gefühle zu verarbeiten.

Zu hohe Erwartungen an sich selbst. Ich habe ein ziemlich melancholisches Temperament und neige zum Märtyrertum. Deshalb dauert es bei mir lange, bis ich endlich zugebe, dass mir etwas zu viel wird. Im Mai, drei Monate nach Nates Tod, hatte ich jedoch eines Morgens einen Punkt völliger Verzweiflung erreicht, so dass ich weinend zu Glen sagte: „Ich kann nicht weiter zur Schule gehen. Ich muss hier raus."

Natürlich hätte er mir einfach Vorhaltungen machen und sagen können: „Du bist doch kein Kind mehr. Du musst dich zusammenreißen. Das Leben muss doch weitergehen."

Statt dessen war er genauso liebevoll, wie ich es zum damaligen Zeitpunkt brauchte, und fragte mich nur: „Wo möchtest du denn hin?"

Das war mir wirklich egal. Aber der erste Ort, der mir in

den Sinn kam, war Hawaii. Das war an einem Donnerstagabend. Wir flogen am Sonntag! Die Dame im Reisebüro wird sich bestimmt über uns gewundert haben. Denn auf ihre Frage: „Zu welchen Inseln möchten Sie denn reisen?", zuckten Glen und ich nur die Achseln und erwiderten desinteressiert: „Das ist uns egal. Entscheiden Sie."

Dann fragte sie: „In welchem Hotel möchten Sie wohnen?"

Wieder kam die Antwort: „Das ist uns egal. Entscheiden Sie."

Es war uns wirklich egal. Es war uns klar, dass wir weg mussten, aber der Ort und das Hotel waren nicht wichtig. Nichts war damals wichtig, außer, dass unser Sohn tot war und wir trauerten.

Mit gemischten Gefühlen sagte ich meinen beiden anderen Kindern am Morgen des Muttertages Lebewohl. Ich hatte Gewissensbisse, weil ich sie verließ, aber ich wusste, dass es sein musste. War es eine Flucht? Vielleicht, aber ich war der Meinung, dass es richtig war. Selbst Jesus musste sich hin und wieder von der Menge entfernen.

In mein Tagebuch machte ich folgenden Eintrag:

Heute ist der Tag, an dem wir nach Hawaii fliegen! Ich kann es immer noch kaum glauben, aber ich werde allmählich aufgeregt. Diese Aufregung ist allerdings mit Gewissensbissen und Schuldgefühlen durchsetzt. Gewissensbisse deswegen, weil wir diese Reise brauchen, und Schuldgefühle, weil wir uns schon so bald nach Nates Tod vergnügen wollen und weil ich mich am Muttertag noch nie von meinen Kindern getrennt habe. Mir war komisch zumute, als ich sie verließ.

Heute konnte ich den Vers „vergessen, was dahinten liegt" nachvollziehen. Ich glaube, ich fange jetzt an, mir genau das zu wünschen, obwohl dieser Vers bisher immer nur Zorn in mir geweckt hat. Ich habe mich gegen diesen Vers gewehrt, und deshalb weiß ich, dass dieses Verlangen, „wieder nach vorne zu blicken", vom Herrn kommen muss. Es kam ganz gewiss nicht von mir. Vielleicht bricht wieder ein neuer Tag an – einer, an dem wir eine Zukunft mit neuen Erinnerungen aufbauen und die alten ruhen lassen können. Das hoffe ich jedenfalls.

Am nächsten Tag:

Ich wachte heute Morgen wieder mit demselben alten Gedanken auf: Nate ist tot. Aber diesmal traf er mich nicht wie ein Tritt in die Magengrube, es war mehr wie „nagende Rückenschmerzen". Dieser Gedanke ist jeden Tag da, aber ich lerne damit zu leben.

Die Reise nach Hawaii tat uns gut. Sie war seit vierundzwanzig Jahren unser erster längerer Urlaub ohne Kinder. Die Reise half uns, Erinnerungen aufzubauen, die Nate nicht einschlossen, und sie befreite uns für eine gewisse Zeit von dem Druck, der zu Hause auf uns lastete. Inzwischen sind Glen und ich auch in Japan gewesen und noch einmal nach Hawaii gereist. Diese Reisen waren mühsam für uns. Denn die meiste Zeit hätten wir es einfacher gefunden, wenn wir zu Hause geblieben und uns unserem Elend hingegeben hätten. Ich hatte überhaupt keine Lust, mich um all die Einzelheiten zu kümmern, die so eine Reise erfordern. Auch fiel es uns schwer, uns in einer neuen Umgebung einzugewöhnen. Aber es half. Inzwischen warten wir nicht mehr, bis sich der Druck wieder so aufgestaut hat, sondern unternehmen oft kleinere Reisen. Unsere Ehe hat sich inzwischen wieder konsolidiert, weil wir Zeit zu zweit miteinander verbracht haben, weit weg von Problemen und allem, was uns an Nate erinnert.

Mangel an spezieller Aufmerksamkeit. Trotz des Schicksalsschlages, der uns persönlich und familiär stark belastet, war mir daran gelegen, Glen wissen zu lassen, dass er mir immer noch wichtig war. Nathan war wichtig, und sein Tod war wichtig, aber Glen musste spüren, dass er mir, trotz all dem, was um ihn herum geschah, auch wichtig war.

Als das Leben wieder in etwas ruhigeren Bahnen verlief, sagte ich daher eines Tages zu ihm: „Glen, ich möchte, dass du dir einen Tag aussuchst, an dem du dir frei nimmst. Das heißt, eigentlich wäre es sogar noch besser, wenn du dir anderthalb Tage frei nähmst."

„Warum?"

„Das sage ich dir später."

Als der Tag gekommen war, händigte ich Glen eine Liste mit Anweisungen aus: „Setz dich ins Auto. Fahre die Cajon Avenue hinunter. Biege an der nächsten Ampel links ab ..." Diesen Hinweisen folgend, kamen wir an einer Frühstückspension im Stil eines viktorianischen Herrenhauses an. Im Kofferraum unseres Wagens befanden sich in einem Picknickkorb eine Flasche prickelnder, gekühlter Cidre, Kekse, Käse, frisches Obst und ein Kassettenrekorder samt einem Band mit „Music for Lovers". Wir verbrachten den Abend in diesem viktorianischen Herrenhaus, begleitet von der Musik eines elektrischen Klaviers, und ich hatte Gelegenheit, zärtlich zu Glen zu sein und ihm zu sagen: „Trotz all dem, was wir durchmachen, bist du mir wichtig. Du bedeutest mir sehr viel."

Individuelle Reaktion auf Leid. Glen und ich leiteten kürzlich eine Arbeitstagung über das Thema „Unsere unterschiedliche Art zu trauern" für die Nationale Tagung der „Compassionate Friends" in Omaha, Nebraska. Am Ende der Tagung erhob sich eine Teilnehmerin und gab uns mit ihrem Bericht ein schönes Beispiel dafür, wie man einen Weg finden kann, den Bedürfnissen seines Partners entgegenzukommen. Diesem Bericht zufolge ist dies auch dann möglich, wenn beide Partner unterschiedlich trauern und einer der Partner offensichtlich unfähig ist, seine Gefühle zum Ausdruck zu bringen:

Bevor unser Sohn umkam, hatten mein Mann und ich eine gute Ehe geführt. Obwohl wir viele Schicksalsschläge hinnehmen mussten, haben wir es immer geschafft, alles durchzustehen. Aber nachdem unser Sohn gestorben war, kapselte sich mein Mann einfach ab. Er wollte nichts mehr mit mir zu tun haben; er redete nicht mehr. Er ging nur zur Arbeit, von dort zum Friedhof und dann nach Hause, und das war alles. Zwei Jahre lang ging das so.

Ich kam mir völlig verlassen vor. Ich hatte noch sechs weitere Kinder, die von mir emotionale Zuwendung erwarteten, aber wenn ich selbst jemanden brauchte, war ich ganz allein. Für mich war es die schlimmste Zeit, als ich auf mich allein angewiesen war. Ich verstand meinen Mann nicht. Ich fing an, ihm übel zu nehmen, dass er nicht mehr so wie früher für mich da war, als wir so viel gemeinsam durchgestanden hatten.

Schließlich – ich weiß nicht mehr, wie ich darauf kam – nahm ich ein Notizbuch und fing an, ihm darin zu schreiben. Ich legte es in die Schublade, in der sich seine Unterwäsche befand, wo er es also sehen musste. Ich schrieb über alles Mögliche, sowohl über meine eigenen Gefühle als auch über die Gefühle, von denen ich wusste, dass er sie hatte. Ich schrieb ihm, was für ein guter Ehemann er früher gewesen sei, als wir so vieles gemeinsam erlebt hatten. Und ich sagte ihm, was für ein prima Mensch er sei. Ich schrieb ihm auch, ich wisse nicht, was vorgefallen sei, aber ich hätte das Gefühl, dass er nicht mehr bei mir sei.

Obwohl er meine Briefe immer las, sagte er nie ein Wort. Erst nachdem ich ihm ein ganzes Jahr lang auf diese Weise geschrieben hatte, kam er aus seinem Schneckenhaus heraus. Das war fast drei Jahre nach dem Tod unseres Sohnes. Heute ist unsere Ehe besser denn je. Wieder eine gute Beziehung zu ihm zu haben, ist die ganze Mühe wert gewesen.

Obwohl beide Ehepartner ganz unterschiedlich trauerten und sich Nancys Mann völlig in sich zurückgezogen hatte, fand sie einen Weg, wie sie ihm liebevolle Zärtlichkeit entgegenbringen konnte.

In einem Artikel über die Bewältigung von Leid schreibt Robert Veninga:

Wenn ein Mann und eine Frau zusammen Leid durchmachen, muss jeder seine eigene Methode entwickeln, wie er damit fertig wird. Denn man kann weder für seinen Partner noch mit dem Partner zusammen eine gemeinsame Vorgehensweise entwickeln, wie man Leid begegnet. Leid ist wirklich eine Erfahrung, die jeder nur für sich allein machen kann.

Leid ist in vieler Hinsicht eine Erfahrung, die jeder allein durchmachen muss, aber Sie können eine Rose der Zärtlichkeit sein, wenn Sie sich der Anstrengung unterziehen, Ihrem Partner Ihre Gefühle und Bedürfnisse kundzutun. Wir sind zwar an diesem Punkt äußerst verwundbar, aber wir werden heiter, wenn wir unsere Rosen zum Blühen bringen und außerdem erkennen, was uns wichtig ist. Lassen Sie die Menschen, die Sie lieben, nicht los. Lassen Sie es nicht zu, dass Ihre Verschiedenheit Sie trennt. Finden Sie zueinander. Halten Sie nach den Rosen Ausschau. Sie sind da.

Die Rose der Einzigartigkeit

*Ich danke dir, dass du mich so wunderbar gestaltet hast. Ich
weiß: Staunenswert sind deine Werke.*
(Psalm 139,14.)

Als ich Glen kennen lernte, wusste ich, dass ich das richtige Gegenstück zu mir gefunden hatte. Er war ruhig, stetig und verlässlich. Er durchdachte alles, was er tat, und sprach nur, wenn er etwas Wichtiges zu sagen hatte. Kurz, er hatte all das, was ich nicht hatte!

Er hörte sich meinen Redeschwall schweigend an und war zufrieden, auch wenn ich in vielen Komitees und sozialen Gruppen mitwirkte, während er zu Hause blieb und studierte oder sich um die Kinder kümmerte. Seine Stimmungen waren vorhersagbar – friedlich und ausgeglichen; meine dagegen unterlagen ständigen Schwankungen.

Er gab mir Zuverlässigkeit, und ich gab ihm Vielfältigkeit.

Wir führten wirklich eine gute Ehe und hatten nur sehr selten größere Meinungsverschiedenheiten. Ich war zwar oft anderer Meinung als er, aber da ich bald herausfand, dass es keinen Spaß macht, sich mit jemandem zu streiten, der einfach keine Lust hat, Widerworte zu geben, handhaben wir unsere Auseinandersetzungen nach Glens Art – wir sprachen uns vernünftig aus und regelten unsere Meinungsverschiedenheiten auf friedliche Weise. Seine Art bewährte sich hervorragend – bis zu Nathans Tod.

Da wir auf völlig verschiedene Weise trauerten, wurde Nates Tod für unsere Ehe zu einer Bewährungsprobe. Beim Tod von Jimmy und Ethan war das nicht der Fall gewesen. Und deshalb wussten wir, dass wir jetzt die Ursache herausfinden mussten. Früher hatte unsere Kraft in unserer Liebe gelegen, in gegenseitiger Anteilnahme, unserer Bewunderung füreinander. Nach Nates Tod jedoch schien dies nicht mehr auszureichen. Wir waren in allen Dingen unterschiedlicher Meinung, und wir verstanden nicht, warum.

Beim Tod der anderen Jungen hatte es keinen Schuldigen und keinen Rechtsstreit gegeben. Bei Nathans Tod dagegen war das Warten auf all die juristischen und versicherungstechnischen Angelegenheiten wie das Warten auf den Segen bei der Beerdigung und verzögerte den Heilungsprozess. Wieder und wieder zum Gericht zu gehen, und jedes Mal nur, um herauszufinden, dass der Verhandlungstermin wieder verschoben worden war, kann einen mitnehmen. Aber jemand, der einen geliebten Menschen verloren hat, ist ohnehin schon sehr verletzlich. Jede Terminänderung kann wie ein Hammerschlag für ihn sein, der ihn tiefer und tiefer in noch größere Verzweiflung treibt.

Unser Termin wurde elfmal verschoben und dann ausgerechnet an dem einzigen Tag verhandelt, an dem wir nicht zum Gericht gegangen waren, weil der Bezirksstaatsanwalt das Gefühl gehabt hatte, dass die Verhandlung doch nur wieder verschoben würde. Wir fühlten uns betrogen, da wir nicht einmal die Gelegenheit gehabt hatten, das Urteil zu hören, geschweige denn, die Chance gehabt hätten, uns dazu zu äußern. Das war eine weitere Frustration in der langen Reihe der verwirrenden rechtlichen Vorgänge.

Wir empfanden die Auseinandersetzung mit dieser Angelegenheit insbesondere deshalb so entmutigend, weil wir uns so unwissend und ausgeschlossen vorkamen. Nie teilte uns jemand freiwillig etwas mit. Nur wenn wir die allergrößten Anstrengungen unternahmen, erfuhren wir überhaupt, was vorging. Als der Fall schließlich abgeschlossen war, war der Fahrer zu drei Jahren Gefängnis auf Bewährung verurteilt worden, ohne auch nur einen Tag im Gefängnis verbracht zu haben.

Eine Organisation wie MADD (Mütter gegen Trunkenheit am Steuer) hätte uns in dieser Angelegenheit fachmännische Hilfe geben können. Aber es gab in unserer Gegend keine Ortsgruppe, und wir waren damals zu erschöpft und zu durcheinander, um woanders Hilfe zu suchen. Ich wünschte, ein Therapeut oder Freund hätte sich damals für uns darum bemüht.

Falls Sie einem Hinterbliebenen als Pastor, Therapeut oder gar als Freund Beistand leisten, haben Sie bitte Verständnis dafür, dass es für ihn sehr wichtig ist, seine Gefühle frei und ohne Angst vor Verachtung durch seine Mitmenschen äußern zu können. Da ich über ein Rechtssystem erbost war, in dem meiner Meinung nach die Bestrafung nicht der Tat entsprechend bemessen wird, wurde ich z. B. recht zynisch. Aber auch wenn einige meiner Gefühle nicht sehr edel waren, musste ich ihnen dennoch Luft machen. Als meine Umgebung darauf mit Vorhaltungen reagierte – „Als Christin dürftest du solche Gefühle nicht haben!" –, war ich völlig am Boden zerstört. Denn ich dachte: Wenn ich so empfinde, obwohl ich Christin bin, stimmt dann vielleicht irgendetwas nicht mit mir? Deshalb hat es mir sehr viel mehr geholfen, wenn ich meine Gefühle einem Menschen offenbaren konnte, der sich anschließend mit mir gemeinsam darum bemühte, diese Gefühle zu klären, ohne mich gleich zu verdammen.

Die finanzielle Entschädigung war ein wunder Punkt bei uns, weil wir keinen Einfluss darauf hatten. Wir waren zwar bestrebt, die finanzielle Regelung mit der Versicherung so schnell wie möglich hinter uns zu bringen, aber die Höhe der Entschädigung war uns in einem Punkt ebenfalls wichtig. Sie sollte dem Verlust Nates angemessen sein, weil sie für uns Nates „Wert" symbolisierte. Daher konnten wir die Möglichkeit, weniger Geld zu erhalten, weil Nate „nicht das einzige Kind" oder „erst siebzehn" war, nicht akzeptieren. Allerdings brauchte der Betrag auch nicht übertrieben hoch zu sein, da wir nicht allzu viele Rechnungen zu begleichen hatten und Nate, der das Geld hätte ausgeben können, ja ohnehin nicht mehr da war.

Die anderen Familien legten Wert darauf, dass ihre Kinder ausgiebig von den Ärzten untersucht wurden, damit alle Verletzungen, die sie bei dem Unfall erlitten hatten, festgestellt werden konnten. Je höher das Schmerzensgeld, desto besser würden sie „die Zukunft ihrer Kinder sichern" können. Diese Einstellung war für Glen und mich schwer nachvollziehbar, da wir schon vor Jahren erkannt hatten, dass nur Gott die Zukunft unserer Kinder sichern kann.

Obwohl uns beiden bald klar war, dass die anderen Eltern ganz andere Ziele verfolgten als wir, war Glens Reaktion auf diese Erkenntnis völlig anders als meine. Seiner Meinung nach konnten wir nichts anderes tun als warten, da sich die Versicherungsgesellschaft mit uns erst einigen wollte, nachdem sie mit den anderen Parteien zu einer Übereinkunft gekommen war. Er schlug sogar vor, dass wir geduldig warten sollten!

Tja, ich wartete, weil mir nichts anderes übrig blieb. Aber geduldig habe ich ganz bestimmt nicht gewartet. Ich machte viel Aufruhr deswegen und kochte vor Wut. Ich wollte, dass Glen die anderen Familien anrief und ihnen klarmachte, was sie uns damit antaten, dass sie die ganze Angelegenheit so lange hinauszögerten. Aber Glen war nicht bereit, das zu tun, und er ließ auch nicht zu, dass ich selbst viel tat. Deshalb verbrachte ich meine Zeit hauptsächlich damit, auf Glen böse zu sein. Unsere Ehe war voller Spannungen. Oft mussten wir mehrmals zusammen energisch um den Häuserblock gehen, bevor wir wieder miteinander sprechen konnten.

Wir hatten eben beide unsere empfindlichen Stellen, wodurch unsere Schwächen besonders deutlich hervortraten. Mein starkes Mitteilungsbedürfnis fing an, Glen zu stören. Denn er hatte keine Lust, sich anzuhören, was ich an Schwerem erlebt hatte, weil er selbst den ganzen Tag über ebenfalls Schweres durchmachte. So mündeten meine wechselhaften Stimmungen allmählich in eine einzige Niedergeschlagenheit, und ich weinte oft.

Die Schadensregulierung und der Prozess wegen fahrlässiger Tötung deprimierten mich; ich wollte nicht argumentieren, ich wollte kämpfen. Glen machte auf mich nicht mehr den Eindruck eines Friedensstifters, sondern den eines Schwächlings. Ich wollte, dass er mich vor der kalten, grausamen Welt schützte und die Menschen dazu brachte, nett zu mir zu sein. Statt dessen erzählte er mir ständig, dass ich mit der Versicherungsgesellschaft und den Gerichten Geduld haben müsse, je mehr ich nörgelte, er solle sich engagieren, desto unbeteiligter wurde er.

In jenem Herbst nahm ich an einem Seminar bei Florence Littauer teil. Sie referierte über die Temperamente und ließ jeden Teilnehmer einen Test durchführen. Nachdem ich mein Temperament festgestellt hatte, ging ich nach Hause und bat Glen, den gleichen Test zu machen. Da erst begann ich zu verstehen, warum wir Schwierigkeiten miteinander hatten. Unsere Temperamente waren eben grundverschieden. Dies ist allerdings für die meisten Ehepaare typisch. Und in der Regel ist diese Tatsache von Vorteil, weil ein Partner genau da seine Stärken hat, wo beim anderen die Schwächen liegen und sich beide auf diese Weise gegenseitig stützen können.

Falls Sie ein ernster Mensch sind, ist es für Sie schön, mit jemandem zusammen zu leben, der amüsant ist, der Witze erzählen kann und der das Leben von der humorvollen Seite sieht. Aber gerade die Dinge, die Ihnen Freude bereiten und Sie zusammenhalten, solange das Leben in seinen normalen Bahnen verläuft, haben die Tendenz, sich störend auszuwirken, wenn Sie einen Schicksalsschlag erleiden.

Ich glaube, dass wir Ehepaare uns oft deshalb nicht verstehen, weil wir die Bedürfnisse unseres Partners nicht erkennen. Diese Bedürfnisse sind eng mit dem jeweiligen Temperament verwoben. Man unterscheidet vier grundlegende Typen: den Sanguiniker, den Choleriker, den Melancholiker und den Phlegmatiker. Glen ist primär phlegmatisch veranlagt: „Der Phlegmatiker ist von gleichbleibender Gemütslage, tolerant, nicht so leicht erregbar, ruhig, gelassen und gefasst, findet sich mit dem Leben ab, wie es ist, und ist ein sehr angepasster Mensch." Einige Schwächen des Phlegmatikers sind: Er „meidet Verantwortung, hat einen eisernen Willen, ist aber andererseits auch nachgiebig, nimmt es übel, wenn man ihn zu etwas drängt, bleibt unbeteiligt, lehnt Veränderungen ab."

Mein Temperament ist teils cholerisch, teils melancholisch: Der Melancholiker „hat das Bedürfnis, Falsches zu ändern, hat einen starken Willen und ist energisch, handelt schnell, besteht auf Beweisen, ist idealistisch, ausdauernd und gründlich, erkennt Probleme." Einige Schwächen des cholerischen Melancholikers sind: Er ist „ungeduldig und fordernd gegenüber anderen, behält Negatives im Gedächtnis, ist launisch, depressiv und ichbezogen, fühlt sich leicht verfolgt, wird durch Unvollkommenheiten depressiv, ist schwer zu befriedigen, kritisch gegenüber anderen, lehnt Menschen ab, die eine andere Meinung vertreten, kann nicht vergeben."

Kein Wunder, dass wir in Schwierigkeiten geraten waren! Unsere Reaktionen auf einen Schicksalsschlag sind von der Veranlagung her eben grundverschieden. Während ich Florence zuhörte, wurde mir allmählich klar, dass sich Glen nicht einfach gegen mich auflehnen wollte, wenn er anders reagierte als ich, und dass er nicht unbedingt sagen wollte, dass ich Unrecht hatte. Wir sahen die Welt einfach mit verschiedenen Augen.

Jedes Temperament wird von verschiedenen Zielen bestimmt: Der Sanguiniker hat ein Bedürfnis nach Vergnügen; der Choleriker sehnt sich danach, die Dinge zu beherrschen; der Melancholiker möchte überall Ordnung und der Phlegmatiker Frieden haben. Glens Ziel war also der Frieden („bloß keinen Ärger machen"), und mein Ziel war es, die Dinge zu beherrschen und zu ordnen. Als Nathan starb, wurden unsere gesamten Ziele in Frage gestellt.

Glen erinnert sich:

Marilyn hat das Problem des Strafprozesses wegen fahrlässiger Tötung angesprochen, in dem die Anklage vom Bezirksstaatsanwalt erhoben wird. In einigen Ländern der Welt ist bei Strafprozessen das Opfer als Nebenkläger zugelassen, aber in unserem Rechtssystem ist das nicht der Fall. Marilyn ist eine cholerische Melancholikerin, d. h. der Melancholiker in ihr möchte, dass alles vollkommen ist, und der Choleriker in ihr möchte die Dinge beherrschen, aber mit den Zielen Gerechtigkeit, Fairness und Gleichstellung.

Aber was kann man gegen eine Strafprozessordnung ausrichten? Der Phlegmatiker sagt dazu: „Jeder vernünftige Mensch weiß, dass man gegen eine Strafprozessordnung nichts ausrichten kann." Marilyn dagegen würde sagen: „Warum rufst du nicht wenigstens den Staatsanwalt an, um zu hören, wie der Fall steht?"

Mein Verstand sagt mir jedoch: „Warum sollte ich das tun?
Sobald der Staatsanwalt Anklage erhebt, werden wir schon
erfahren, wie der Fall steht." Inzwischen habe ich jedoch
gelernt, dass es gut ist, den Staatsanwalt anzurufen, wäh-
rend Marilyn gelernt hat, mich so sanft wie möglich dazu
zu bewegen, ihn anzurufen. Das hat sie tatsächlich gelernt.
Einem Phlegmatiker muss man einen sanften Schubs ge-
ben. Wenn man ihn hart anfasst, stemmt er seine Füße auf
den Boden und sagt: „Das tu' ich nicht." So habe ich mich
zumindest oft verhalten.

Es ist wichtig, dass man sich die Zeit nimmt zu erkennen,
dass andere Menschen anders sind, und ihnen auch die
Möglichkeit zugesteht, anders zu sein. Versuchen Sie ein-
fallsreich zu sein und Methoden zu finden, die Ihnen er-
möglichen, auf die Bedürfnisse anderer Menschen einzu-
gehen. Das wird sich auszahlen.

Obwohl ich bisher im Wesentlichen über die Beziehung
zwischen Mann und Frau gesprochen habe, können Sie die
genannten Prinzipien auch auf Ihre Kinder und Freunde
anwenden. Unsere Tochter Mellyn hat z. B. ein Temperament, das dem ihres Vaters sehr ähnlich ist. Sie wollte nach
Nates Tod nicht, dass ich weinte; sie wollte, dass alles so
normal weiterging wie möglich. Während sie nur wenige
Leute um sich brauchte und sich oft in ihre Wohnung zu-
rückzog, wenn sich unser Haus mit Menschen füllte, hatte
ich dagegen das Bedürfnis, viele Leute um mich zu haben,
und wurde depressiv, wenn alle gingen.

Da Mellyn also nicht wollte, dass ich weinte, achtete ich
immer darauf, dass dies nie in ihrer Gegenwart geschah.
Eines Tages, als sie bei uns zu Besuch war, fühlte ich mich
jedoch sehr deprimiert. Und weil ich mir einbildete, nicht
vor ihr weinen zu dürfen, ging ich in mein Schlafzimmer,

rief von dort aus meine Freundin Nancy an und sagte ihr, ich brauche Hilfe. Als Nancy kurz darauf zu uns kam, erzählte sie Mellyn, dass ich sie angerufen hätte. Weil ich ihr nicht gesagt hatte, wie schlecht es mir ging, reagierte Mellyn dann sehr verletzt.

Durch solche Erfahrungen erkannten wir schließlich, dass sich keiner von uns falsch verhalten hatte, sondern dass wir einfach eine unterschiedliche Art zu trauern hatten und dass jeder von uns dem anderen dafür einen Freiraum gewähren musste. Ich begann allmählich zu verstehen, wie sehr Mellyn Nate vermisste, obwohl sie dies nicht in derselben Weise zeigte wie ich. Und Mellyn lernte, dass es mir jedes Mal, wenn ich weinte, danach ein kleines bisschen besser ging.

Unser Sohn Nathan war, genau wie sein Vater, ein ausgeprägter Phlegmatiker. Und obwohl ich gelernt hatte, mich auf Glen einzustellen, bereitete es mir doch Schwierigkeiten, dass eins meiner Kinder ebenfalls so ganz anders war als ich. Als Mutter mit cholerischem Temperament bestand ich z.B. darauf, dass alle Kinder täglich ihr Bett machten. Aber Nate sah dies einfach nicht ein, da er sich ja doch „abends wieder hineinlegte". Und während ich der Typ bin, der gerne alles zwei Wochen vor dem Termin erledigt, meinte Nate in solchen Fällen nur: „Warum soll ich mich beeilen, das Buch zu lesen? Ich hab' doch noch zwei Tage Zeit, bis ich meinen Buchbericht abgeben muss."

Im Nachhinein wünsche ich mir, dass ich damals, als ich meine Kinder großzog, etwas von Temperamenten verstanden hätte. Stattdessen musste ich später zu meinen mir verbliebenen Kindern hingehen und ihnen sagen: „Ich möchte mich dafür entschuldigen, wie ich früher mit euch umgegangen bin. Ich habe es einfach nicht besser gewusst."

Das Wissen um unsere Temperamente hat uns geholfen

zu erkennen, wie wir in einer bestimmten Situation spontan reagieren würden. So sind wir jetzt in der Lage, an unseren Fehlern zu arbeiten und unsere Stärken zu betonen, ohne das Gefühl haben zu müssen, dass der andere unser Verhalten missbilligt.

Es ist schon eine Weile her, dass unsere Tochter anrief und mir mitteilte: „Mom, Mike und ich haben auch den Test gemacht. Er ist ein melancholischer Choleriker, und ich bin eine melancholische Phlegmatikerin. Mrs. Littauer sagt, dass man meistens einen Partner mit gegensätzlichem Temperament heiratet, aber Mike und ich haben fast das gleiche."

Ich erwiderte lachend: „Aber Liebes, das ist doch schön, es sei denn, ihr bekommt ein Kind, das Sanguiniker ist."

Sie schnappte kurz nach Luft und meinte dann: „Oh, Mama!"

Einen quicklebendigen Sanguiniker großzuziehen, der sich nie an einen Zeitplan hält, kann den systematischen Melancholiker schon ganz schön in Verwirrung stürzen. Es sei denn, er versteht die Eigenarten des Temperaments zu deuten und erkennt, dass das Kind nicht einfach ungehorsam sein oder die Eltern ärgern will, wenn es sich anders verhält.

Der dem Sanguiniker wesentlich zugrunde liegende Antrieb ist *Vergnügen*. Wenn er kein *Vergnügen* mehr hat, wird er depressiv. Einem Sanguiniker fällt es schwer, im Unterricht lange stillzusitzen, und er hat Schwierigkeiten, einem Vortrag zuzuhören. Sanguiniker wollen mitmischen, und wenn sie sich in einer Menschenmenge befinden, sehen sie in ihr eine Zuhörerschaft, die es zu unterhalten gilt. Menschen mit diesem Temperament besitzen eine kindliche Gefühlswelt, selbst wenn sie erwachsen sind. Ihre Gefühle können sehr kurzlebig und wechselhaft sein. Sie können im einen Moment heftig weinen und im nächsten schon wieder zu etwas anderem übergehen.

Sanguiniker strotzen vor Energie, und es gibt für sie keine Fremden. Sie geben wunderbare Kellnerinnen, Empfangsdamen, Vertreter, Komödianten und Talk-Show-Moderatoren ab, weil sie keine Scheu davor haben, mit anderen Menschen zu sprechen. Selbst wenn andere nicht reden, sprechen sie einfach weiter, ohne dies überhaupt wahrzunehmen, weil sie sich gerne selber reden hören. Wenn sie sich ärgern, ist ihr Ärger in der Regel nicht von langer Dauer. Haben sie sich ihren Unmut von der Seele geredet, ist alles schon wieder gut. Sie können auch die Menschen nicht verstehen, die sich über sie ärgern. Wenn ein Sanguiniker trauert, wird er Vergnügen suchen, um seine Probleme zu vergessen.

Ein Sanguiniker braucht ständig Ermutigung und Zustimmung. Sie können ihn z.B. so lange bei Laune halten, wie Sie ihm sagen, dass er seine Sache gut macht und Sie seine Bemühungen anerkennen.

Beim Choleriker ist der primäre Antrieb die *Beherrschung*. Wenn ein Choleriker eine seelische Krise erlebt, versucht er den Schmerz zu leugnen, indem er sich völlig in seine Arbeit, ein Hobby oder eine soziale Aufgabe verbeißt und darin aufgeht. Möglicherweise hat er auch eine Abneigung dagegen, nach Hause zu gehen, weil er sich davor fürchtet, dass es dort zu gefühlsmäßig hergehen und er seine Fassung verlieren könnte.

Die einzige Emotion, die ein Choleriker unter Umständen doch zeigt, ist Zorn. Dieser Zorn wurzelt meist in seiner Unduldsamkeit darüber, dass nichts so läuft, wie es sollte, weil die Menschen träge sind und kein Fortschritt erkennbar ist. Zorn kann er allerdings auch dann zeigen, wenn er in Wirklichkeit Trauer empfindet. Einem Choleriker ist es beinahe unmöglich zu sagen, „es tut mir Leid", selbst wenn er innerlich Reue empfindet. Ein Schuldbekenntnis gibt ihm das Gefühl, sich nicht mehr unter Kontrolle zu haben oder anderen gegenüber verwundbar zu sein.

Der Choleriker sehnt sich danach, dass die von ihm übernommenen verantwortungsvollen Aufgaben und Pflichten auch gewürdigt werden. Er braucht Anerkennung für seine schwere Arbeit. Manche Ehemänner werden nach vielen Überstunden zu Hause von ihren Frauen mit den Worten empfangen: „Ich habe das Gefühl, du liebst mich nicht mehr. Ich bekomme dich nie zu sehen. Du machst dir offensichtlich nichts mehr aus uns. Du kümmerst dich gar nicht mehr um deine Familie."

Der cholerische Mann kann auf solche Vorwürfe nur überrascht entgegnen: „Aber ich arbeite doch sechzig Stunden in der Woche für euch. Was willst du mehr?" Mit den Augen des Cholerikers gesehen, zeigt er seine Liebe durch die Menge der von ihm geleisteten Arbeit. Seiner Frau hingegen, die allein zu Hause ist und sich nach der Aufmerksamkeit ihres Mannes sehnt, bedeutet diese Arbeit unter Umständen nichts. Es ist also hilfreich, wenn wir verstehen, wie unser jeweiliges Temperament die Art und Weise steuert, in der wir anderen gegenüber Liebe und Fürsorge zeigen.

Der Melancholiker strebt *Perfektion* an. Er möchte im Voraus wissen, wie die Dinge sein werden, und ist in der Regel recht systematisch. Er hat keine starken seelischen Hochs, dafür aber sehr ausgeprägte Tiefs. Ein Melancholiker, der versucht mit seinem Kummer fertig zu werden, verfällt unter Umständen in tiefe Depressionen.

Wenn Melancholiker deprimiert sind, weiß das jeder. Einige von ihnen gelangen sogar an einen Punkt, an dem sie nicht mehr sprechen. Bei mir kam es zwar nicht dazu, aber es gab doch Zeiten, in denen ich das Gefühl hatte, dass ich einem bösen Geschick hilflos ausgeliefert sei. In solchen Augenblicken war es mir völlig verhasst, Leute um mich zu haben, die auf Vergnügen aus waren, weil mir alles zu nahe ging.

In ihrem Buch „Personality Patterns" (Persönlichkeitsstrukturen) bezeichnet Lana Bateman den Melancholiker als „Rabattmarkensammler". Das heißt, dass er jedes Mal, wenn ihn jemand verletzt, eine Rabattmarke in ein Buch einklebt. Selbst wenn er seine Gefühle für sich behält, hat er dennoch alle Situationen, die ihn je verletzt haben, in seinem Buch gesammelt. Wenn er schließlich das Buch mit der letzten Marke gefüllt hat, explodiert er. Der Anlass dazu kann eine Lappalie sein, etwas, das weit weniger schwerwiegend ist als die Ursache für die erste Marke, die er ins Buch geklebt hat. Aber es reicht aus, um ihn explodieren zu lassen.

Eines Tages, als wir gerade in unser neues Haus eingezogen waren, konnten wir einen Gegenstand nicht finden. (Ich kann mich nicht einmal mehr erinnern, was es war.) Nachdem ich stundenlang gesucht hatte und ihn einfach nicht finden konnte, verlor ich meine Beherrschung und bekam einen Weinkrampf. Dieser hatte eigentlich nur wenig mit dem Gegenstand zu tun, sondern vielmehr mit unserem Umzug, durch den sich meine Gefühle derart aufgestaut hatten, dass schließlich der Damm brach. Der arme Glen stand da und wusste nicht, was er falsch gemacht hatte.

Die dem Melancholiker zugrunde liegende Triebfeder ist „schöpferische Zärtlichkeit". Solch ein Akt schöpferischer Zärtlichkeit war z. B. meine Einladung an Glen in das viktorianische Herrenhaus. Melancholiker zeigen zwar sehr viel

Geschick dabei sich auszudenken, wie sie schöpferische Zärtlichkeit zeigen können, und kommen dabei auch auf wundervolle Ideen. Allerdings neigen sie dazu, einen Partner zu heiraten, der ihre Mühe gar nicht so richtig zu würdigen weiß. Melancholiker haben wundervolle Ideen und wünschen sich Mitmenschen, die auch einmal solche Ideen für sie in die Tat umsetzen. Ich musste erst lernen, meine Bedürfnisse und Wünsche anderen mitzuteilen.

Der Phlegmatiker dagegen sehnt sich sehr nach *Frieden,* manchmal nach Frieden um jeden Preis, da er Konflikte fürchtet. Auch fällt es ihm sehr schwer, anderen gegenüber Gefühle zu äußern. Er zeigt selbst im Leid wenig Gefühl, so dass seine Mitmenschen unter Umständen glauben, er habe seinen Schmerz bereits überwunden. In Wirklichkeit hat er ihn vielleicht noch gar nicht bewältigt. Es kann sogar Jahre dauern, bis er seinen Schmerz verwunden hat. Auf Zorn reagiert ein Phlegmatiker oft mit Trauer, also genau umgekehrt wie ein Choleriker, der auf Trauer gewöhnlich mit Zorn reagiert. Wenn sich Menschen mit diesen beiden Temperamenten heiraten, was häufig vorkommt, weil sich meistens Paare mit gegensätzlichen Temperamenten heiraten, sind die Schwierigkeiten absehbar.

Da ich eine Cholerikerin bin, kann sich meine Trauer also in Zorn äußern, wie es z.B. bei der Konfrontation mit dem Problem der Entschädigung der Fall war. Ich verlangte von Glen, dass er den anderen Familien klar machte, was sie uns antaten. Ich war zornig, weil ich verletzt war. Glen dagegen zog sich zurück und wollte Stillschweigen bewahren. Er wollte Frieden halten.

Ich warf Glen vor: „Du beschützt mich nicht. Du kümmerst dich nicht um mich und nimmst keine Rücksicht auf meine Bedürfnisse."

„Was ist bloß los mit dir? Ich kenne dich gar nicht wieder." Und ich bin mir sicher, dass Glen Ähnliches von mir dachte.

Phlegmatiker brauchen das Gefühl, etwas wert zu sein. Sie müssen den Eindruck haben, dass sie wichtig sind. Weil es ihnen schwerfällt, ihre Gefühle offen zu zeigen oder ihre Gedanken auszudrücken, kommen sie sich in einer Menschengruppe oft verloren vor, und man nimmt deswegen oft vorschnell an, sie seien nicht in der Lage zu denken. Die Partner, die ihr Leben mit ihnen verbringen, werden jedoch im Laufe der Zeit herausfinden, was in ihrem Inneren vorgeht.

Das Wissen um die Temperamente wird Ihnen also helfen, wenn Sie und Ihre Familie sich in einer Krise befinden. Der Tod eines Kindes kann das Schlimmste sein, was Sie je erlebt haben, und Temperamentsunterschiede können in einem solchen Fall die Belastungen innerhalb der gesamten Familie noch verstärken. Dann müssen Sie sich daran erinnern, dass andere Mitglieder Ihrer Familie dieses Kind genauso geliebt haben wie Sie. Entfremden Sie sich also nicht von ihnen, sondern kommen Sie ihnen entgegen. Ziehen Sie sie zu sich, damit Sie sich zusammen an Ihrer Liebe zu dem Verstorbenen und den gemeinsamen Erinnerungen an ihn freuen können. Versuchen Sie auch, gegenseitig Ihre wirklichen Bedürfnisse zu erfassen. Die Überwindung von Trauer kann eine lebensverändernde Erfahrung sein. In diesem Zusammenhang empfehle ich Ihnen das Buch „Personality Plus" von Florence Littauer, das Ihnen helfen wird, die Temperamente zu verstehen.

Es ist wichtig, dass wir den anderen Familienmitgliedern den Freiraum zubilligen, in einer ihrer Persönlichkeit entsprechenden Weise zu trauern, aber genauso wichtig ist es, dass wir darauf hinarbeiten, den Zusammenhalt der Familie zu wahren. Glen und ich versuchten dies, indem wir uns z.B. aussprachen und einander zuhörten. Als ich den Temperamentstest mit nach Hause brachte, sagte ich zu Glen:

„Ich weiß, du magst diese Dinge nicht, aber ich möchte, dass du mir zuhörst." Als ich ihm dann die Charakteristika des Phlegmatikers vorlas und sich diese wie eine exakte Beschreibung seiner Person anhörten, erwiderte Glen nur: „Lass mal sehen."

Keine Frage, dieser Test beschäftigte ihn. Und so fasste ich den Mut, ihn zu fragen: „Was soll ich für dich tun? Wie kann ich dir helfen?" Dann stellte er mir dieselbe Frage, woraufhin ich erklärte: „Ich muss reden können. Ich brauche jemanden, dem ich alles erzählen kann – wie ich mich fühle und warum ich jedes Mal böse und frustriert bin, wenn die Verhandlung verschoben wird. Aber ich merke, dass es dich aufregt und hilflos macht, wenn ich davon spreche. Ich weiß ja, dass du nichts gegen das Rechtssystem unternehmen kannst, aber ich muss mir meinen Ärger trotzdem von der Seele reden."

Schließlich meinte Glen: „Warum rufst du nicht einfach Joan oder Nancy an, wenn du dich aufregst?" Das war ein Zugeständnis, denn wir hatten die Übereinkunft getroffen, außerhalb der Familie nicht über unsere persönlichen Probleme zu sprechen. Aber Glen sah ein, dass er in dieser Situation hilflos war und selbst nichts für mich tun konnte. Wenn er meine Klagen anhören musste, wurde er nur noch deprimierter und fühlte sich der Situation noch weniger gewachsen. Deshalb sagte er also: „Du brauchst jemanden, mit dem du reden kannst und der die Belastung nicht so empfindet wie ich."

Wenn ich von da an meine Gefühle bei jemand anderem abreagiert hatte, war ich anschließend auch wieder fähig, Glen liebevoll zu begegnen.

Wir fingen an zu verstehen, dass es gar nicht so schlimm ist, verschieden zu sein. Nur weil ich die Dinge anders anging als Glen, hieß das ja noch lange nicht, dass die Art, wie Glen sie anging, falsch war.

Dann stellten wir eine Liste mit unseren Bedürfnissen und Wünschen zusammen. Glen sagte: „Ich muss mich darauf verlassen können, dass du nicht enttäuscht von mir oder böse mit mir bist oder mir gar die Schuld dafür gibst, dass die Schadensregelung keine Fortschritte macht." Ich hatte nicht gemerkt, dass ich Glen immer tiefer in Schuldgefühle verstrickte, wenn ich Dampf über unsere Situation abließ. Mir war nur seine Bestätigung wichtig, dass ich in seinen Augen richtig handelte und dass er mich trotz allem immer noch mochte.

Außerdem planten wir noch, bestimmte Zeiten zusammen zu verbringen. Wir fuhren in die Berge, machten Spaziergänge um den Arrowhead-See und sprachen miteinander. Manchmal fuhren wir auch einfach zu einem Regionalpark in der Nähe und unterhielten uns beim Essen in unserem Wohnmobil. Es spielte keine Rolle, wo wir waren, wichtig war nur, dass wir miteinander redeten. Wir kamen uns wieder näher und entdeckten allmählich von neuem die Charakterzüge, die uns ursprünglich zusammengeführt hatten.

Nach achtundzwanzig Jahren Ehe kann ich heute sagen, dass wir uns wieder über unsere Gegensätzlichkeit freuen können. Ich finde Glens Sinn für Humor, der mich eine Zeit lang irritiert hat, nun wieder wundervoll – wundervoll trocken. Inzwischen schätze ich auch wieder seine Fähigkeit, Frieden zu stiften, obwohl ich kurz nach Nates Tod keinen Frieden wollte. Glen selbst hat zwar keine Freude daran, viel zu reisen oder zu sprechen, aber er gibt mir Gelegenheit dazu, weil ich dies leidenschaftlich gern tue.

Er ist meine Stütze und reist sogar mit mir, sooft er kann. Wir helfen uns jetzt gegenseitig, aber bis wir registriert hatten, dass wir es können, war es ein harter Kampf. Es hat eben eine Weile gedauert, bis wir uns verstanden.

Wie spannend ist es doch, festzustellen, dass unser erhabener Herr jeden von uns als eine einzigartige, unschätzbare wertvolle Rose in seinem Garten geschaffen hat.

Jeder von uns kann für all die Familienmitglieder, die anders trauern als wir, eine Rose sein. Gehen Sie auf sie mit den Worten zu:

„Es ist gut, dass wir verschieden sind, aber das Wichtigste ist doch, dass wir zusammenhalten. Wir brauchen einander. Wir haben diesen Menschen gemeinsam geliebt. Und wir müssen daher den Schmerz um ihn auch gemeinsam tragen." Sie können also eine Rose der Einzigartigkeit sein, wenn Sie den Menschen, die Sie lieben, ihren Freiraum zubilligen.

Die Rose der Liebe

Gott aber hat seine Liebe zu uns darin erwiesen, dass Christus für uns gestorben ist, als wir noch Sünder waren.
(Römer 5,8)

Ohne die Rose der Liebe hätte ich dieses Buch nicht schreiben können, weil ich dann keine Hoffnung hätte haben können. Die Rose der Liebe ist mein bester Freund, mein Tröster und mein Erlöser. Sie wird in der Bibel als Vater, Sohn und Heiliger Geist offenbart.

Sollten Sie Jesus bisher noch nicht begegnet sein, dann lassen Sie mich von ihm erzählen. Für mich wurde er der Erlöser, als mir bereits in jungen Jahren klar wurde, dass ich nach meinem Tode nicht aus eigener Kraft in den Himmel kommen würde. Ich erkannte, dass ich mich ohne fremde Hilfe nicht von meinen Sünden befreien konnte. Meine Mutter erklärte mir damals, dass Jesus mich liebe und schon vor meiner Geburt zur Sühne meiner Sünden gestorben sei. Damals nahm ich Jesus Christus in mein Leben auf, und er wurde mein Erlöser.

Im Laufe der Jahre habe ich dann noch mehr über Gott gelernt, und da er mich erkennen ließ, wie sehr er mich liebt und sich um mich sorgt, ist er mein bester Freund geworden. Ich fühlte mich nie von ihm kritisiert. Er hört mir immer zu, wenn ich das Bedürfnis habe, mich auszusprechen. Und er hat sein Augenmerk immer auf das gerichtet, was in meinem Interesse liegt.

Die Bibel charakterisiert ihn als den Gott allen Trostes:

Gepriesen sei der Gott und Vater unseres Herrn Jesus Chris-
tus, der Vater des Erbarmens und der Gott allen Trostes. Er
tröstet uns in all unserer Not, damit auch wir die Kraft
haben, alle zu trösten, die in Not leben, durch den Trost,
mit dem auch wir von Gott getröstet werden.
(2. Korinther 1,3+4)

Seitdem ich den Tod dreier Söhne erlitten habe, ist Gott
mein Tröster geworden. Er ist immer für mich da. Er hat
Geduld mit mir. Er richtet mich nicht und tadelt mich
auch nicht dafür, dass ich meinen Schmerz gestehe. Gott
selbst hat Erfahrung mit dem Leid. Denn auch er hat ja
ein Kind, seinen Sohn, verloren, der gelitten hat und gestorben ist.

Das Aufregende an dieser Nachricht ist jedoch, dass
Gottes Sohn wieder lebendig geworden ist. Er hat für uns
alle den Tod überwunden, damit wir darauf hoffen können, die Ewigkeit mit ihm verbringen zu dürfen. Deshalb
können wir auch darauf hoffen, unsere Lieben wieder zu
sehen.

Ich erinnere mich noch lebhaft an einen besonderen
Abend. Nate war damals fünf Jahre alt, und ich war dabei,
ihn ins Bett zu bringen. Er machte auf mich einen unruhi-
gen Eindruck, und ich befürchtete, dass er nicht einschla-
fen könne. Deshalb fragte ich ihn, ob er etwas auf dem
Herzen hätte. Zunächst wand er sich ein bisschen, aber
dann sagte er: „Ich weiß nicht genau, ob ich Jesus in mein
Herz aufgenommen habe."

Ich fragte ihn, warum er Jesus denn in sein Herz aufnehmen wolle. „Weil ich Sachen getan habe, die nicht richtig
waren, und ich sicher sein möchte, dass ich in den Himmel komme."

Dann hörte ich zu, wie Nathan betete und Jesus darum

bat, in sein Herz zu kommen und mit ihm zu leben. Nach diesem Abend gab es für Nate keine Zweifel mehr, und er sprach noch oft von diesem Ereignis. Als er älter wurde, erkannten wir, dass sich seine Entscheidung für Gott in dem Wunsch, Gottes Wort zu studieren, und in seinem Gehorsam Gott und uns gegenüber niederschlug.

Wie dankbar bin ich, dass ich auf diesen Abend zurückblicken und darauf vertrauen kann, dass ich Nate wieder sehen werde.

Brüder, wir wollen euch über die Verstorbenen nicht in Unkenntnis lassen, damit ihr nicht trauert wie die anderen, die keine Hoffnung haben. Wenn Jesus – was wir glauben – gestorben und auferstanden ist, dann wird Gott auch um Jesu willen die Verstorbenen mit ihm vereinen.
(1. Thessalonicher 4,13+14)

Jesus versteht mein Leid. Denn er hat selbst Kränkung, Zurückweisung und den Tod erlitten. Er hat geweint, wenn andere trauerten. Er hatte Verständnis für ihr Leid, so wie er auch Verständnis für mein Leid und für Ihres hat. Jesus tröstet uns, damit wir andere trösten können. Er möchte, dass wir seinen Trost an andere weitergeben.

Als Jesus unsere Erde verließ, hat er versprochen, dass der Heilige Geist kommen und in allen Christen wohnen würde: *Ich werde den Vater bitten, und er wird euch einen anderen Beistand geben, damit er immer bei euch bleibt. (Johannes 14,16)*

Als ich in jungen Jahren Christin wurde, begriff ich noch nicht, welche Aufgabe der Heilige Geist in meinem Leben hat. Mit Ende Zwanzig traf ich jedoch eine Gruppe von Leuten, die über den Heiligen Geist sprachen, als handele es sich um eine wirkliche Person! Durch Bibelstudium entdeckte ich dann, dass der Heilige Geist auch in mir wohnt, nicht nur, um mich von meiner Sündhaftigkeit zu überzeugen, sondern auch, um mich zu trösten. Er erkennt meine Bedürfnisse früher als ich, und er bittet Gott, den Vater, diesen Bedürfnissen zu entsprechen.

An jenen Tagen, an denen ich derart entmutigt war, dass ich nicht einmal mehr Hilfe erbitten konnte, kannte der Heilige Geist meine Nöte und gab einer Freundin den Gedanken ein: „Rufe Marilyn an; sie braucht dich heute."

Der Heilige Geist ist es auch, der es mir bewusst macht, wenn ich gegen andere eine unversöhnliche Haltung nähre. Er gab auch Glen und mir den Wunsch und die Fähigkeit ein, unsere Beziehung wieder aufzubauen.

Gott, in der Person des Heiligen Geistes, tröstet mein Herz, er versichert mir, dass ich meine Kinder wieder sehen werde, und gibt mir die Kraft, ein Leben als Sieger und nicht als Opfer zu führen.

Ich bete darum, dass dieses kleine Buch allen hilft, die es lesen, ungeachtet dessen, ob sie nun Jesus als ihren persönlichen Retter kennen oder nicht. Aber es ist wichtig, dass Sie verstehen, warum ich die Kraft hatte, Jimmys, Ethans und Nathans Tod anzunehmen. Dies war hauptsächlich der Fall, weil ich durch Jesus Christus über die Quelle dieser Kraft, nämlich die Rose der Liebe, verfügte.

Wenn Sie also Jesus nicht kennen, möchte ich Sie dazu ermutigen, ihn zumindest jetzt in Ihr Leben aufzunehmen. Denn er hat auch Sie eingeladen:

Kommt alle zu mir, die ihr euch plagt und unter Lasten stöhnt! Ich werde euch Ruhe verschaffen. (Matthäus 11,28)

Einige von Ihnen werden sich hier und jetzt noch nicht mit dieser Aufforderung auseinandersetzen wollen, weil Sie Gott vielleicht „auf Eis gelegt" haben. Vielleicht drängen sich Ihnen auch eine Fülle von Fragen auf, wie z.B.: „Wie konnte ein Gott der Liebe mein Kind leiden und sterben lassen?" oder: „Warum gerade mein Kind?"

Ich habe mit einem Vater gesprochen, der sein Kind verloren hat und der mir erzählte, wie er sich nach dessen Tod mit diesen Fragen auseinandergesetzt hat: „Zuerst fragte ich: ‚Warum?' Aber dann kam die Frage zurück: ‚Warum nicht? Wer bin ich denn, dass ich mir wünschen kann, meine Familie solle vom Leid verschont bleiben? Verdiene ich wirklich ein sorgenfreieres Leben als mein Nachbar oder mein Freund?'"

Ich kann nicht alle Fragen des Lebens beantworten, und auch ich habe, genau wie Sie, ganz gewiss gefragt, warum, und habe keine erschöpfende Antwort gefunden. Aber ich weiß bestimmt, dass Gott jeden von uns so liebt, dass er seinen einzigen Sohn als vollkommenes und ewiges Opfer gegeben hat, damit Sie und ich das ewige Leben haben.

Derselbe Gott, der Glen und mich so sehr liebt, dass er seinen Sohn für unsere Sünden opfert, hat Menschen, die wir selbst sehr liebten, erlaubt, früher zu sterben, als wir es für richtig hielten. Ich kann weder Gott noch seine Wege erklären, aber ich habe so viel Vertrauen in seine Liebe zu mir, Jimmy, Ethan und Nathan, dass ich sagen kann:

„Ich vertraue ihm, und Sie können ihm auch vertrauen."

Wenn Sie gerade Schmerzen erleiden, dann haben Sie sicher viele Fragen auf dem Herzen. Wahrscheinlich drückt Sie die Last Ihres Schmerzes so sehr nieder, dass Sie sich danach sehnen, Ihre Bürde einem anderen zu geben, damit Sie einmal zur Ruhe kommen können. Daher möchte ich Sie an dieser Stelle inständig bitten, mit Jesus zu sprechen und ihm zu sagen, dass dies die schwerste Last ist, die Sie jemals zu tragen hatten. Sie trauern um einen großen Verlust, und Sie sind wahrscheinlich müde. Übergeben Sie ihm Ihre Last, und bitten Sie ihn, diese für Sie zu tragen.

Jesus ist die schönste Rose überhaupt. Wenn Sie den Duft seiner Liebe und seines Erbarmens tief eingeatmet haben, dann können Sie diesen Duft vielleicht auch weitergeben, indem Sie auf die Menschen zugehen, die leiden wie Sie.

Stellen Sie also die Rose der Liebe in die Mitte Ihres Dezemberrosen-Straußes.

Die Rose des Sieges

Doch all das überwinden wir durch den, der uns geliebt hat.
(Römer 8,37)

Als die Polizei kam, um meine Freundin Patsy zu benachrichtigen, dass ihre Tochter Suzie in einen Unfall verwickelt war, spürte Patsy, dass es ernst war. Auf dem Weg zum Krankenhaus ging ihr jedoch folgendes durch den Kopf: „Alles sieht doch ganz normal aus: der Verkehr fließt ruhig; die Menschen bewegen sich wie immer; der Mond scheint; und die Sterne stehen immer noch am Himmel. Wenn Suzie tot wäre, würde doch die Welt stehen bleiben. Alles wäre ein großes Chaos. Das Leben könnte nicht mehr seinen normalen Verlauf nehmen."

Als Patsy im Krankenhaus ankam und feststellte, dass Suzie bereits gestorben war, brach für sie eine Welt zusammen – auch wenn die übrige Welt nicht aufhörte sich zu drehen.

Mir ging es, als Nate starb, genauso. Wenn ich Menschen sah, die zufrieden ihre Einkäufe erledigten oder sich in einem Restaurant das Essen schmecken ließen, hätte ich am liebsten geschrieen: „Wie könnt ihr nur so etwas tun? Wisst ihr nicht, dass Nate tot ist?"

Wenn Sie eine ernsthafte Krise durchmachen, ist es tatsächlich so, dass für Sie die Welt aufhört sich zu drehen. Nichts ist mehr von Bedeutung. Das Leben hat keinen Reiz mehr für Sie. Man stellt sich nur die Frage: Wird die Welt jemals wieder anfangen sich zu drehen? Vielleicht beschäftigen Sie auch Gedanken wie diese: Werden die kleinen Dinge jemals wieder eine Bedeutung für mich haben? Werde ich mich jemals wieder für irgendetwas interessieren können? Werde ich das Leben jemals wieder in vollen Zügen genießen können?

Nach dem Tod von Jimmy und Ethan lernten wir im Laufe der Zeit tatsächlich wieder, das Leben zu genießen. Ich freute mich wieder mit meinen Kindern auf Weihnachten, und ich lernte auch wirklich von neuem, lang erwartete Ereignisse zu genießen. Hin und wieder werfe ich allerdings immer noch einen wehmütigen Blick auf das, was hätte sein können.

So frage ich mich z.B. immer dann, wenn ich Zwillinge sehe, wie es wohl gewesen wäre, Nathan mit Ethan zusammen großzuziehen.

Wenn ich einer großen Familie begegne, wünsche ich mir, es wäre mir vergönnt gewesen, alle meine fünf Kinder aufzuziehen statt nur drei. In diesem Jahr wäre Jimmy zweiundzwanzig Jahre alt geworden, und sein Geburtstag war ein schwerer Tag für mich. Wenn ich andere Jungen in seinem Alter sehe, fühle ich mich betrogen, weil ich nicht die Möglichkeit hatte, ihn aufwachsen zu sehen.

Mein Herz krampft sich jedes Mal zusammen, wenn ich höre, wie eine Mutter ihre Kinder anschreit oder ihnen androht, sie „wegzugeben", wenn sie sich nicht benehmen. Dann bin ich jedes Mal versucht, ihr Vorwürfe zu machen und zu sagen: „Sie sollten sich über Ihre Kinder freuen und Gott dafür danken, dass Sie sie haben."

Obwohl unsere ganze Familie über Mellyns Hochzeit glücklich war, dachte selbst Mellyn an ihre zwei Brüder, die nicht dabei sein konnten. Deshalb lagen die Trauringe auf demselben Satinkissen, auf dem bei Ethans Beerdigung Blumen gelegen hatten. Und das Blumenmädchen trug dasselbe weiße geflochtene Körbchen wie bei Jimmys Beerdigung. Denn Mellyn hatte erklärt: „Ich möchte, dass alle meine Brüder bei meiner Hochzeit vertreten sind."

Bei Matts Hochzeit, anderthalb Jahre nach Nates Tod, hielten wir uns alle ganz tapfer – bis wir uns zu einem Familienfoto aufstellten. Da wagten wir nicht, uns anzusehen, weil jeder wusste, was der andere dachte: Als bei Mellyns Hochzeit das Familienfoto aufgenommen wurde, war Nate noch bei uns. Eigentlich müsste er jetzt auch hier sein.

Als ich die vielen Klassenkameraden von Nate betrachtete, die an Matts und Debbies Hochzeit teilnahmen, fragte ich mich, ob Nate das wohl sehen konnte. Ob er wusste, dass sein Bruder eine seiner besten Freundinnen heiratete? Oh, wie ich mich danach sehnte, mit ihm sprechen zu können!

Kürzlich war ich dabei, als Nates Freund Christian einen Auftritt mit seinem College-Gesangverein hatte. Ich fieberte mit ihm, aber als ich mich daran erinnerte, dass er und Nate davon gesprochen hatten, gemeinsam aufs College zu gehen, füllten sich meine Augen mit Tränen.

Als ich hinterher seiner Mutter erzählte, wie sehr mir das Konzert gefallen habe, erwiderte sie etwas, das mir sehr half: „Ich kann mir denken, dass dir das Programm gefallen hat, aber ich weiß, dass du daran gedacht haben musst, wie es gewesen wäre, auch Nate dort zu sehen. Denn ich habe auch an ihn gedacht." Es tut so gut zu wissen, dass andere ihn nicht vergessen haben.

Wenn Sie einen geliebten Menschen verloren oder einen anderen schweren Verlust erlitten haben, ist das Leben nie mehr so wie vorher. Aber es kann wieder schön sein – anders, aber schön. Wenn ich auf die wenigen Jahre zurückblicke, die seit Nates Tod vergangen sind, kann ich einige Wendepunkte in meinem Heilungsprozess feststellen:

Die erste Reise nach Hawaii gab mir die Möglichkeit, Abstand zu gewinnen, befreite mich von einigen Belastungen, und Glen und ich hatten Zeit für Gespräche. Dann ermöglichte mir der Wechsel von der Ganztags- zur Teilzeitarbeit in der Schule, mehr Zeit zu Hause und mit Freunden zu verbringen, wenn ich das Bedürfnis hatte, mich auszusprechen.

Ein anderer Wendepunkt erfolgte zwei Jahre nach Nates Tod, als ich zum Friedhof fuhr und, neben Nates Grab auf dem Gras sitzend, eine Zeit lang über die Ereignisse seit dem Unfall nachdenken konnte. Da stellte ich plötzlich fest, dass es mir besser ging. Als ich wieder abfuhr, wusste ich, dass ich so bald nicht zurückkommen würde. Es war an der Zeit, wieder nach vorne zu sehen.

Die Entscheidung, öffentlich über meine Erfahrungen zu sprechen, gab mir ein neues Ziel und das Gefühl eines neuen Anfangs. Aber diese Entscheidung zu treffen, ist mir nicht leicht gefallen. So erhielt ich kurz nach Nates Beerdigung von einem Repräsentanten von MADD eine Karte, die ich jedoch schnell mit den Worten beiseite legte: „Ich werde mich nie in eine Kampagne einspannen lassen."

Später allerdings, als ich von Florence Littauer eine Einladung erhielt, bei der HOPE-Konferenz (Emotionale Hilfe für andere Menschen) in Anaheim, Kalifornien, eine Rede zu halten, sagte ich zu. Ich machte mir viel Mühe bei der Ausarbeitung meiner Rede und studierte sie gut ein. Am Abend vor der Konferenz saß ich jedoch in Nates Zimmer und weinte stundenlang. Ich war mir sicher, dass ich mitten im Vortrag zusammenbrechen würde.

Meine vielen Freunde, die an der Konferenz teilnehmen wollten, bat ich, sich in die hinteren Reihen des Auditoriums zu setzen, damit mich ihre Tränen nicht beeinträchtigten. Sie beteten inständig für mich zu Gott, und Gott gab mir die Kraft, meine Geschichte darzulegen, ohne die Fassung zu verlieren. Die Resonanz, die ich anschließend von den Zuhörern erhielt, versetzte mich in Erstaunen: Sie sagten mir, meine Rede hätte ihnen wirklich geholfen!

Kurz danach wurde ich eingeladen, an der Sprecherausbildung für MADD teilzunehmen. Auch diese Einladung nahm ich an, allerdings unter dem Vorbehalt, dass ich nur teilnehmen wolle, um Informationen zu sammeln. Zum erfolgreichen Abschluss des Kurses gehörte auch eine Rede über Trunkenheit am Steuer, die wir halten und anschließend unserem Lehrer auf Band zuschicken mussten. Ich hielt meine Rede vor der Schülerschaft von Nates High School und war begeistert von deren Reaktion: Eines der Mädchen bat mich, vor ihrer Jugendgruppe zu sprechen, und anschließend wurde ich noch eingeladen, eine Rede bei einem Kiwanis-Treffen zu halten. Während der nächsten sechs Monate sprach ich insgesamt fünfundvierzigmal vor allen möglichen Gruppen, angefangen bei Al-A-Non bis zu Kiwanis, einschließlich aller Fahrschulklassen in den San Bernadino City High Schools.

Als ich kürzlich eine Erziehungsanstalt besuchte und sich die Türen hinter mir schlossen, dachte ich: „Warum mache ich das eigentlich? Glaube ich wirklich, dass ich diesen Jungen etwas erzählen kann, was sie noch nicht wissen? Wird sich dadurch irgendetwas ändern? Vielleicht verschwende ich nur meine Zeit". Als aber die Jungen hereinkamen, empfand ich sofort eine starke Zuneigung zu ihnen. Sie hörten aufmerksam zu und scharten sich hinterher um mich, um sich einige Bilder von Nate anzusehen.

Einige Wochen später erhielt ich einen großen Briefumschlag, in dem von jedem der Jungen ein Dankesbrief lag. Beim Lesen der Briefe füllten sich meine Augen mit Tränen. Einer der Briefe lautete:

Von jetzt an werde ich versuchen, nicht mehr unter Alkoholeinfluss zu fahren, wenn ich von einer Party komme. Ich möchte Ihnen auch sagen, wie fasziniert ich davon bin, dass Sie sich nicht dem Schmerz über den Verlust Ihrer Kinder hingaben, sondern wieder Glück in Ihr Leben bringen, indem Sie anderen helfen, die vielleicht auch einen geliebten Menschen verloren haben.

Ein anderer Junge schrieb:

Durch Sie habe ich erfahren, wie die Opfer empfinden. Ich bin selbst schon in betrunkenem Zustand Auto gefahren. Aber ich will jetzt eine Ihrer Dezemberrosen sein und es nie wieder tun. Auch werde ich von nun an das Wort Gottes verbreiten. Denn durch Sie habe ich den unglaublichen Schmerz kennen gelernt, den die Angehörigen der Opfer erleiden, wenn sie auf diese Weise einen unschuldigen, geliebten Menschen verlieren. Danke.

Wiegen solche Briefe Nates Tod auf? Nein, aber sie tragen dazu bei, dass sein Leben und sein Tod einen Sinn erhalten. Wenn ich an andere Familien denke, die einen geliebten Menschen verloren und einen ähnlichen Schmerz wie ich erlitten haben – fast 26000 in jedem Jahr seit Nates Tod –, dann weiß ich, dass ich meinem Jungen ein lebendes Denkmal errichte, wenn es mir gelingt, auch nur einen einzigen Menschen dazu zu bringen, nicht mehr mit Alkohol am Steuer Auto zu fahren. Wenn ich *aufgrund* von Nates Tod auch nur eine Familie vor diesem Schmerz bewahren oder wenn ich trauernden Eltern dabei helfen kann, ihr Leben wieder gemeinsam in die Hand zu nehmen, dann ist das eine weitere Rose!

Als der zehnjährige Sohn Jimmy meiner Freundin Diana

bei einem Jagdunfall ums Leben kam, war Diana seelisch am Boden zerstört. Und da sie erst seit wenigen Monaten in Phoenix lebte, fühlte sie sich noch zusätzlich in ihrem Schmerz völlig allein. Nachdem sie jedoch eine Sendung über die „Compassionate Friends" im Fernsehen gesehen hatte, rief sie deren Zentrale an, um mit einer ihrer Orts-gruppen Kontakt aufzunehmen. Sie war sehr enttäuscht, als sie hörte, dass es in Phoenix keine Ortsgruppe gab. Doch der Präsident der Organisation gab ihr die Adresse einer anderen Mutter, die nach dem Tod ihres Kindes versucht hatte, eine Ortsgruppe zu gründen. Er schlug Diana vor, ihr dabei behilflich zu sein. Dianas erste Gedanken waren: „Wie soll ich denn das machen? Wie kann ich anderen hel-fen, wenn ich selbst Hilfe brauche?" Aber schließlich be-teiligte sich Diana doch an diesem Projekt und wurde die Mitbegründerin der Ortsgruppe von Phoenix.

Als sie, vier Jahre nach Jimmys Tod, nach Riverside in Kalifornien zog, gründete Diana dort ebenfalls eine Orts-gruppe der „Compassionate Friends". Seitdem hat sie in den vergangenen fünf Jahren Hunderten von betroffenen Familien in ganz Kalifornien Gehör geschenkt und neue Hoffnung gegeben. Durch ihre Unterstützung für andere trauernde Eltern hat Diana Jimmys Tod Sinn und Bedeu-tung verliehen.

Jane und ihr Mann hatten beide eine leidvolle Kindheit verlebt. Doch als sie heirateten, hatten sie das Gefühl, durch ihre Liebe die Vergangenheit überwinden zu können. Dann ging er nach Vietnam, und als er heimkehrte, hatte sich sein seelischer Schaden noch verstärkt. Einige Jahre später ging ihre Ehe auseinander, und Jane musste ihre zwei Kin-der allein großziehen. 1984 erlitt ihr ehemaliger Mann bei einem Autounfall schwere Hirnverletzungen. Seit dieser Zeit bemüht sich Jane, Vietnamveteranen Anerkennung und Hilfe zu verschaffen. Sie sucht regelmäßig das Krankenhaus auf, in dem ihr ehemaliger Mann als Patient liegt, und hat viel Zeit darauf verwandt, Familien anderer Hirngeschädigter zu beraten. Außerdem ist sie Leiterin einer Einrichtung für alleinerziehende Eltern in ihrer Gemeinde. Jane hat diese Verantwortung auf sich genommen, um anderen Menschen zu helfen und ihnen ihre Erfahrungen zugute kommen zu lassen.

Jasmine kam als mongoloides Kind zur Welt, aber ihre Eltern waren dem Herrn dankbar, weil die Testergebnisse ergaben, dass sie keinen Herzfehler hatte. Als Jasmine allerdings fünfeinhalb Monate alt war, erkrankte die gesamte Familie an einer Grippe. Jasmine wurde schwer krank, und es stellte sich bald heraus, dass sie doch zwei Löcher in ihrem Herzen hatte. Sie starb zwei Wochen später an Herzversagen.

Ihre Mutter Colleen, die inzwischen oft Eltern berät, die Kleinkinder verloren haben, sagt rückblickend: „Zuerst hatte ich keine Ahnung, wie ich anderen helfen könnte, denn ich versuchte nur, mir selbst zu helfen." Colleen suchte mehrere Monate lang regelmäßig einen Therapeuten auf und machte sich detaillierte Notizen über die Beratungstechniken, die ihr am besten halfen. Nachdem sie wieder ihre frühere Tätigkeit bei der Mütterberatungsstelle aufgenommen hatte, gewöhnten sich ihre Kolleginnen bald an, Colleen mit der Beratung von Müttern zu betrauen, deren Kinder im Sterben lagen, weil sie meinten: „Da du das selbst alles durchgemacht hast, weißt du bestimmt am besten, welche Worte angebracht sind." Sie selbst erklärt dazu: „Lieber wäre es mir, Jasmine zurückzuerhalten, aber es ist auch eine sehr dankbare Aufgabe, den Schmerz dieser Eltern zu teilen. Es ist ein Denkmal für Jasmine."

Cornelius erlitt während des Vietnamkrieges eine Wirbelsäulenverletzung, weshalb er jetzt an den Rollstuhl gefesselt ist. Das hat ihn jedoch nicht davon abgehalten, ein hervorragender Therapeut und Berater für die Schüler der High School zu werden. Wenn Cornelius sagt: „Du bedeutest mir etwas", dann vergessen die Schüler seinen Rollstuhl und fangen an, sich einem Freund zu öffnen, der sich für sie interessiert und sich um sie kümmert. Cornelius hat den Entschluss gefasst, sich nicht von seiner körperlichen Behinderung beeinträchtigen zu lassen.

Eine Mutter, die gerade ihr Kind verloren hatte, meinte einmal zu mir: „Es belastet mich, wenn ich daran denke, dass ich vielleicht durch den Tod meiner Tochter ein besserer Mensch werde, dass ich vielleicht einen Nutzen aus ihrem Tod ziehen könnte. Denn aus dem Tode eines Kindes sollte nichts Gutes entstehen."

Ich erwiderte darauf: „Sie haben drei Möglichkeiten zur Wahl: Sie können versuchen, sich nicht zu verändern und sich vom Tod Ihrer Tochter nicht beeinträchtigen zu lassen. Sie können sich auch vom Leben und von der Gemeinschaft zurückziehen. Oder aber, Sie können durch das Leiden und Sterben Ihres Kindes stärker, sensibler, reifer werden."

Auch wenn sich ein geliebter Mensch von Ihnen abgewandt hat, werden Sie eine Entscheidung treffen müssen. Aber Sie dürfen nicht glauben, dass Sie große Entscheidungen überstürzen müssen. Wichtig ist Ihre Trauerarbeit. Lassen Sie sich Zeit. Suchen Sie Gottes Herz, und lassen Sie sich von ihm den Lebenssinn zeigen, den er ganz allein für Sie bestimmt hat.

Es kann sein, dass es Monate oder sogar Jahre dauert, bis Sie merken, dass Sie sich tatsächlich wieder an den „normalen" Dingen des Lebens freuen können. So habe ich z.B. immer gerne gekocht und Gäste gehabt. Aber nach

Nates Tod verlangte mir das Kochen einfach zu viel Kraft ab, und Gäste zu empfangen empfand ich als sinnlos. Vor Nates Tod waren die Mahlzeiten immer ein Ereignis gewesen, wenn die Kinder zu Hause waren. Denn wir freuten uns darauf, zusammen zu sein und Neuigkeiten auszutauschen. Deshalb fiel es Glen und mir nach Nates Tod schwer, unsere Mahlzeiten am Esszimmertisch einzunehmen. Insbesondere wenn wir nur zu zweit waren, wurde uns die Lücke, die Nate hinterlassen hatte, zu sehr bewusst. So gingen wir, wenn wir allein waren, zum Essen in ein anderes Zimmer. Als wir drei Jahre später in ein anderes Haus zogen, waren wir schließlich wieder in der Lage, neue Essgewohnheiten im Esszimmer zu entwickeln.

Genauso wird auch einmal der Tag kommen, an dem ich wieder Freude an einem High-School-Basketballspiel empfinden oder mich wieder auf Weihnachten freuen kann.

Nach und nach *werde* ich auch auf die einfache Frage: „Wie viele Kinder haben Sie?" die Antwort „zwei" geben können, ohne dass sich mir der Magen zusammenkrampft.

Gott wird uns zum Sieg führen. Er lenkt alle Dinge so, dass sie letztendlich zu etwas Gutem führen. Und ich bekomme allmählich eine Ahnung von diesem „Guten".

Vor einigen Monaten nahm ich an der Beerdigung eines jungen Mannes teil, der ebenfalls durch einen betrunkenen Fahrer umgekommen ist. Obwohl ich zunächst nicht hingehen wollte, hatte ich dann doch das Gefühl, dass ich seiner Frau und seinem kleinen Kind Trost spenden sollte. Während ich bei ihnen war, traf ich eine junge Frau, Sandy, die ich zwar selbst noch nicht kennen gelernt hatte, deren Kinder ich aber kannte. Während unseres Gespräches erzählte ich ihr ganz freimütig von Nates Tod und unserem Vertrauen darauf, diesen Verlust mit Gottes Hilfe verwinden zu können.

Nach der Beerdigung kam Sandy dann mit den Worten auf mich zu: „Ich muss mit Ihnen sprechen."

Ich antwortete: „Gut. Worüber denn?"

Sandy erwiderte: „Ich habe mich entschlossen, einen Schritt mit Gott zu wagen, und ich glaube, dass Sie mir dabei helfen können!"

Während wir an diesem Abend in einem hiesigen Restaurant zusammen aßen, konnte ich meiner neuen Freundin Sandy dabei helfen, sich Christus zu nähern.

Anschließend meinte Sandy unter Tränen: „Nate ist vielleicht tot, aber sein Leben wirkt trotzdem weiter."

Ich stellte fest, dass ihre Worte wahr sind. Denn überall um mich herum kann ich erkennen, wie groß der Einfluss von Nates Leben auf seine Umwelt ist, auf unsere Freunde, auf seine Altersgenossen und auf unsere Familie. Ich weiß sicher auch, dass Glen und ich durch das, was wir in den Jahren seit Nates Tod durchgemacht haben, stärker geworden sind.

Und so hoffe ich, dass meine Jungen, wenn sie die Möglichkeit haben, vom Himmel auf mich herabzuschauen, sagen können: „Wir sind zwar tot, aber unsere Mutter lebt weiter, und sie hat nicht aufgegeben. Sie dient Gott noch immer, und sie ist stärker geworden und ihm nähergekommen, weil sie den Tod ihrer drei Söhne verarbeitet hat und daran gereift ist."

Liebe(r) Freund(in), geben Sie nicht auf! Gott ist bereit, mit Ihnen durch den Dezember Ihres Lebens zu gehen. Er hat Verständnis für Sie, wenn Sie schwere Zeiten durchmachen. Er hat Verständnis dafür, dass Sie trauern, weil Sie einen furchtbaren Verlust erlitten haben.

Sehen Sie sich um, und entdecken Sie die Rosen: den Freund, der Ihnen beisteht, die Erinnerungen an den geliebten Menschen, die Schriften, die Gott Ihnen geschenkt hat, die Freundlichkeit, die Ihnen andere erweisen, das Wirken Gottes in Ihrem Herzen.

Sammeln Sie diese Rosen, und lassen Sie Ihr Leben durch ihren erfrischenden Duft beleben und mit dem Vertrauen erfüllen, dass Jesus Sie hört und Sie leitet. Strecken Sie dem Herrn Ihre Arme entgegen, und legen Sie Ihre Hände in die Seinen, damit er Sie zum *Sieg* führen kann.

Halten Sie Ausschau nach den Rosen!